大学生

College Student

心理健康教育
改革与创新

程钢 克鲁伦 齐怡 ◎著

Mental Health

DAXUESHENG
XINLI JIANKANG JIAOYU
GAIGE YU CHUANGXIN

中国出版集团
中译出版社

图书在版编目（CIP）数据

大学生心理健康教育改革与创新／程钢，克鲁伦，齐怡著.-- 北京：中译出版社，2024.6.-- ISBN 978-7-5001-7968-9

Ⅰ.G444

中国国家版本馆 CIP 数据核字第 2024GG3055 号

大学生心理健康教育改革与创新

DAXUESHENG XINLI JIANKANG JIAOYU GAIGE YU CHUANGXIN

著　　者：程　钢　克鲁伦　齐　怡
策划编辑：于　宇
责任编辑：于　宇
文字编辑：田玉肖
营销编辑：马　萱　钟筱童
出版发行：中译出版社
地　　址：北京市西城区新街口外大街 28 号 102 号楼 4 层
电　　话：（010）68002494（编辑部）
邮　　编：100088
电子邮箱：book@ctph.com.cn
网　　址：http://www.ctph.com.cn

印　　刷：北京四海锦诚印刷技术有限公司
经　　销：新华书店
规　　格：710 mm×1000 mm　1/16
印　　张：12.75
字　　数：205 千字
版　　次：2025 年 3 月第 1 版
印　　次：2025 年 3 月第 1 次印刷

ISBN 978-7-5001-7968-9　　定价：　68.00 元

前　言

大学生是国家的宝贵财富，是未来社会的栋梁。要立德树人，培养德、智、体、美、劳全面发展的人才，需要加强大学生心理健康教育。如今要全面建成社会主义现代化强国，实现中国梦和中华民族伟大复兴，要培养合格的社会主义建设者和接班人，需要培养大学生良好的心理素质。物质生活水平不断提升的背景下，人们的心理健康问题日益突出，心理疾病患者数量呈递增趋势。一方面，社会经济快速发展使人们心理压力增大；另一方面，社会要求人们具备较强心理承受能力，乐观勇敢地面对生活。作为时代新人的大学生，只有具备这些积极品质，才能更好地适应社会，秉持良好的心态应对社会竞争，增强自身幸福感。

新时代大学生对美好生活的需求越来越丰富，具有多样性、多元化和多层次的特点。本书作为大学生心理健康教育改革与创新方向的著作，对大学生心理健康教育的相关理论知识与实践内容进行系统的梳理与阐述。首先，从大学生心理健康基础入手，针对心理健康教育进行了详细的研究；其次，对心理压力及互联网环境下大学生心理健康教育进行了简单的介绍；最后，针对大学生心理健康教育改革与创新做出总结性的叙述。本书围绕大学生心理健康教育改革与创新编排，力求语言简练、思路清晰，理论阐述通俗易懂。希望本书能够对大学生心理健康教育改革与创新起到积极的推动作用。

本书参考了大量的相关文献资料，借鉴、引用了诸多专家、学者和教师的研究成果，其主要来源已在参考文献中列出，如有个别遗漏，恳请作者谅解并及时和我们联系。本书写作得到很多专家学者的支持和帮助，在此深表谢意。由于能力有限，时间仓促，作者虽极力丰富本书内容，也经多次修改，力求著作的完美无瑕，仍难免有不妥与遗漏之处，恳请专家和读者指正。

作者

2024 年 3 月

目　录

第一章 大学生心理健康导论

第一节 心理活动的特点与实质

一、心理的概念

心理是一种客观存在于自然界、人世间和每一个人身上的特殊现象。动物有心理现象，人有心理现象，甚至从人类生产的产品中也可以看到心理现象，但更直接、更典型的心理现象是表现在每个具体的人身上的。因此，这里所说的心理现象，是指在个体身上表现出来的可以感觉、能够观察的受内在心理活动支配的行为活动及其内在的心理过程。

在个体身上，主导人们心理活动的是人们的神经系统及其"主管"——脑，所以，心理是神经活动的产物，是脑的机能。但它又不是脑本身，而是在脑活动的基础上对各种刺激的主观反映并对其进行加工的结果。所以说，心理是脑的机能，是客观世界在人脑中反映的结果。

环境刺激事件是心理的源泉和内容，神经过程对它们的加工和处理就是心理活动。因此，一切心理活动都是由神经活动过程携带着对现实刺激的反映，也就是通过神经系统的感觉、知觉、想象或思考的加工过程，最终以映像、观念或情绪的形式保存进大脑，形成人们的记忆、体验和观念。当人们能够觉察到这一过程时，便形成了意识活动。当这一过程通过外部活动显现出来，就是人们的行为活动，如表情、语言、动作等。当某个个体经常性地以某种心理过程及其外部行为应对生活刺激，就形成了该个体独特的习惯化心理反应形式，称为个性或人格。这包含了个体的气质、性格、能力等结构化心理特征。所有这些心理活动过程和结构化心理特征及其外部表现行为，就是人们所说的心理现象。

感觉与知觉是关于事物的外部属性的反映，以映像的形式发生。在一定条件下，存储的映像可以在观念中再现，这就是记忆。在记忆中存储和再现的映像，称为表象。脑中映像在人的经验中得到积累和丰富，并在另外的条件下被重新组合而呈现出与原来不同的或全新的映像，这就是想象。想象是比表象更高一级的脑功能。

对于某些事物不能直接感知的属性，可通过对它们的分析与综合、抽象与概括，揭示它们的内在属性和规律以及事物之间的联系和关系，这就是思维过程。思维是人类认识世界和创造新事物的高级心理工具。

上述感觉、知觉、记忆、表象、想象和思维的活动过程，统称为认识过程或认知过程。认识是人的基本心理活动，也是首要的心理功能。

除认识活动之外，还有意志活动和情绪活动。意志活动是思维决策见之于行动的心理过程，情绪活动是伴随认知与意志过程而生的独特体验。意志和情绪各有其独特的表现形式和发生规律。认知、情绪和意志是组成人的心理活动或心理过程的主要形式。

所谓个性或人格是指随着实践经验的积累，在不知不觉中，心理活动的某些特点就恒定地贯注在个体的心理世界中，也就是将个体的各种心理要素以不同的方式联系和组织起来，以一定的结构形式表现在行为之中，形成人的个性心理特征。其中主要包括才能、气质和性格等心理要素。才能主要是由人的认识能力和解决问题的实践能力组成。凡认识活动以及操作实践的某些方面的最优特性的组合集中在某人身上，他就被标定为才能较高的人。

气质与性格所涉及的心理特性比才能更加广泛，它们不仅包括认识特性，还包括意志和情绪特性。人的认知、意志和情绪在强弱程度、延续程度、灵敏程度、强力坚韧程度、激活程度等多维度的组合中，就构成了个体的气质特征和性格特征。比如，可以把个体的性格特征标定为坚强而稳定、活泼而热情、独立而果断等。由于人的心理活动特征的多样性，其多维度、多层次的叠加与组合，就形成多种多样的能力、气质与性格，这些心理活动的特征在具体的人身上所形成的个性，标志着具有个体差异的心理世界和精神面貌。

二、心理的特征

（一）心理是观念的反映

心理的反映形式是非物质的、观念的。刺激物的意义通过脑的过程在动物的行为应答中表现出来。人们的感知、记忆、理解等，都是非物质的、观念的反映。这种观念的反映，在人的思维加工阶段，可以产生观念的主体——人的知觉，这就是人的意识。观念的反映组成了人的精神世界，使人认识世界、存储知识、制订计划、调节行为；它还使人适应环境、改变环境、组织社会生活、创造新的世界，这就是以心理活动为依据的人的精神力量。

（二）心理是客观世界的主观反映

人在生活经历中除了直观地认识现实事件之外，在头脑中还存储了个人所获得的知识和经验。每次在新事件作用下所产生的反映，均经过已有的知识、经验以及个人特性的折射，带有很大的主观性和个体性。

（三）心理以活动的形式存在

从感觉到思维的过程，正如计算机一样，是信息加工的过程，是心理的运算活动。感觉，如对光产生的视觉映像，只在反映的过程中存在；思维，更明显的是在某一主题上进行的脑的操作。思维或其他心理过程，都是在脑外显的或内隐的交替操作中进行的。人们的脑似乎可以呈现出思维或感觉的产品，如设计的图样或感觉的图形，但它们绝不是静止的，图样呈现本身就是心理操作。

三、个体心理现象与行为

从心理学的定义可以看出，心理学的关键词有科学、个体、行为以及心理。心理学分析的对象往往是个体——一个新生的婴儿、一名运动员、一名刚刚迈进大学校园的新生、一位面临职场困惑的中年男士。心理学研究的主体可以是一只走进迷宫的白鼠、一只在非洲丛林中生活的狒狒、一只对电击做出反应的狗。这些个体可能被安排在其自然栖息地，也可能被安排在实验室的控制条件下进行研究。

行为是指机体适应环境的方式，行为就是行动。心理学研究的主题在很大程度上是人类和其他动物的可观察行为。微笑、哭泣、奔跑、交谈及触摸等，都是可以观察到的、显而易见的关于行为的例子。行为不同于心理，但又和心理有着密切的联系。引起行为的刺激常常通过心理的中介而起作用，人的行为的复杂性是由心理活动的复杂性引起的。同一刺激可能引起不一样的反应，机体的内部状态不一样，对同一事物的反应也可能不一样。因此，若不理解人的内部心理活动，就难以理解其外部行为反应。

心理支配行为又通过行为表现出来。例如，一个人的视觉和听觉能力，是通过个体对微弱光线和声音的反应表现出来的；一个人的记忆，是通过个体运用知识的活动表现出来的；一个人的情绪和情感，是通过其面部表情和姿势表现出来的……从外部行为推测内部心理过程，是心理学研究的一条基本法则，即通过对行为的客观记录、分析和测量来揭示人的心理现象的规律性。

四、心理学探索的内容

人的心理现象是非常复杂的，可以从不同的方面和角度进行研究。概括起来，心理学主要研究的问题有以下三个方面。

（一）心理过程

人的心理现象是在时间上展开的，它表现为一定的过程，如认知过程、情绪过程等。心理过程着重探讨人的心理的共同性，主要包括认知、情绪和意志三个方面，即常说的知、情、意。知是人脑接收外界输入的信息，经过大脑的加工处理转换成内在的心理活动，进而支配人的行为的过程；情是人在认知输入信息的基础上所产生的满意、不满意、喜爱、厌恶等主观体验；意是指推动人奋斗的目标以及维持这些行为的内部动力。知、情、意不是孤立的，而是相互联系、相互制约、相互渗透的一个统一的整体。

（二）心理结构

人的心理现象虽然很复杂，但并非杂乱无章。各种心理现象之间存在着一定的联系和关系，成为一个有机的整体。众所周知，图书馆每天都要收进许多书、借出许多书，由于每本书都有自己的编号，都按图书馆的编目系统放在某个地方，因此，管理员很容易找到它。知识在人脑中保存的情况有些类似于图书馆，由于存在一定的结构，因此在需要的时候，就能很容易被提取出来，用来解决面临的问题。研究心理结构就是要揭示各种心理现象之间的联系。例如，记忆的好坏依赖于理解材料的程度，对材料的加工越深，理解得越好，记忆的效果也越好；一个人成就的大小依赖于他的意志品质和智力的高低。研究心理现象之间的这种内在联系，也是心理学研究的一项重要任务。

（三）心理的脑机制

自然科学的发展阐明了心理现象是神经系统和脑长期演化的产物。生物进化史表明，生物进化到一定阶段，产生了神经系统和脑。神经系统和脑在进化的不同阶段，产生了相应的、不同水平的心理现象，这就是动物的心理。人类具有高度发达的神经系统和大脑，作为大脑的机能，派生了人类高度发达的认识能力和智慧，发展出了人类语言和抽象思维，孕育了无限丰富的想象力、创造力及复杂多样、各具特征的人格整体。神经系统和大脑是使人类高于万物的物质基础。

心理现象作为脑的机能是以活动的形式存在的，它以脑的神经活动为物质基础。脑的神经活动是生理、生化的过程，而心理活动则是在这些过程中发生的对外界现实刺激作用的反映活动，是对外界信息的加工。外部环境刺激事件作用于人的感受器，引起神经系统的活动。神经系统活动产生感觉、知觉、记忆、思维、想象、情绪和意志等心理活动。环境刺激事件是心理的源泉和内容，神经系统对它们的加工和处理就是心理活动。因此，一切心理活动都是神经活动过程对现实刺激的反映。

第二节　大学生心理发展的特点

一、大学生认知能力的发展

个体的认知是一个包括感知、记忆、思维与想象等的心理过程。大学生的认知在他们的学习与实践生活中作用重大。知识的掌握、信仰的形成、技能的应用、问题的解决、观念的创新等无不与认知密切相关，因此，必须研究大学生的认知特点。

（一）大学生感觉的发展与特点

与其他心理过程相比，感觉能力较多地取决于感官的生理状况，较少地取决于个体的学习与经验积累。再者，与其他器官相比，感觉器官的生理状况既成熟较早，又衰退较早。这就决定了人类的感觉是较早发展的心理过程，又是较早衰退的心理过程。

（二）大学生记忆力的发展与特点

记忆是人脑对过去经验的存储、组织与提取。个体的机械记忆发展最早，17岁左右几乎达到顶峰，维持一段时间以后才开始下降。形象记忆发展稍晚，14岁左右急速发展，17岁以后有所下降。可见大学生的机械记忆与形象记忆有所下降。逻辑记忆发展最迟，直到17岁才急速上升，维持几年上升趋势，然后衰退。可见大学生处于逻辑记忆发展期。

个体记忆的衰退年龄也因记忆材料的不同而不同。如果记忆材料中含有较多的旧材料，那么记忆能力直到四五十岁时还处于较高水平；如果记忆材料主要由新材料构成，那么记忆能力在20岁以后就急剧下降。

（三）大学生思维的发展与特点

人类的思维分为直观动作思维、直观形象思维与抽象逻辑思维三种类型。前两种思维建立在直观操作和头脑中表象的基础上，后者建立在抽象概念和推理的基础上。大学生以思维能力为核心的智力处于高峰水平，主要有以下特点。

1. 抽象逻辑思维处于一生的顶峰

心理学家通过研究发现，个体的逻辑思维水平与神经系统的发育水平和认知结构中抽象概念的数量有极大的关系。一般来说，随着年龄的增长和知识的积累，个体神经系统的发育逐渐成熟，他们通过教学活动获得的抽象概念会越来越多，利用这些抽象概念的机会越来越大，能力也越来越强，这些因素从总体上使大学生的抽象逻辑思维水平处于他们一生之中的顶峰。

随着大学生抽象逻辑思维水平的迅速提升，他们所关心的问题也由较低级的具体问题逐渐转为较高级的抽象问题。他们比中学生更加关心政治、经济、文化、法律和伦理等领域，看问题的角度也较深刻。例如，一部电影，中小学生喜欢看热闹、重情节，而大学生则喜欢将具体内容上升为理论，从政治经济背景、艺术手段、伦理道德观念等方面进行思考、发表见解。任何生活中的问题，大学生都不满足于就事论事，而是力求对它们进行深层次的思考，探索对社会的各种影响和对策。

2. 思维发展方向具有极大的系别差异

如果在大学生之间进行横向比较，那么会发现他们的思维发展方向具有极大的系别差异。许多理工科学生（如物理系、数学系、化学系的学生）以及一些文科的学生（如哲学系、经济系、逻辑学专业的学生），由于他们的学科内容包括逻辑推理，相当抽象，几乎全由抽象概念组成，"形式"已经从"内容"中完全解脱出来，只按逻辑关系展开，从而导致这些系别的学生不仅习惯而且擅长抽象逻辑思维，逻辑思维水平极高；而其他一些系别的学生（如中文系、艺术系、体育系的学生），他们的学科内容要求具备较高的形象思维，包括较高的视觉表象、动觉表象的感知、存储能力，从而促进他们的形象思维的发展。

3. 辩证逻辑思维趋向成熟与完善

辩证逻辑思维超越了思维的外在形式，研究概念的矛盾和转化。它要求人们客观且全面地看问题，从事物的发展变化中对具体事物做具体分析，把握全部基本要素，指出什么要素占主导地位。辩证逻辑思维属于较高级的思维形式，其形成时间晚于形式逻辑思维。大学生的思维可以分为四个阶段。

（1）两重性阶段

此阶段的学生还保留相当程度的具体形式推理，辩证逻辑推理能力尚待提高，其思维还处于"非对即错，非此即彼"的水平，总想寻求"什么是正确的答案"。

（2）多重性阶段

此阶段的学生正在向较抽象的形式推理过渡。他们的思维具备一定程度的辩证逻辑推理能力，认识到事物具有复杂性与多样性，不再"非对即错，非此即彼"，开始接受答案的多样性。

（3）相对性阶段

此阶段的学生处于形式推理的前期，他们的思维具备较高程度的辩证逻辑推理能力。在他们看来，真理并非固定不变的，一切结论都要依据当时的具体情况而定。

（4）约定性阶段

此阶段的学生处于形式推理阶段，并且具备较高水平的辩证逻辑推理能力。他们对各种现象的解释能持相对的态度，意识到所有事物都具有运动和变化的性质，既能坚持约定俗成的思想与方法，也能改变自己的思维方式，采用一套更加合适的方法进行推理。较高的辩证逻辑思维能力导致大学生喜欢探索较深刻的理论问题、喜欢听富有逻辑与哲理的演说与报告、喜欢开展热烈的辩论。美国哈佛大学心理学家威廉·G.佩里（William G. Perry）的理论对于认识大学生的思维品质、培养大学生的思维能力具有指导意义。

当然，辩证逻辑思维能力的发展并不能使大学生的认知十全十美。大学生作为一个群体，活动范围多限于从家门到校门，并没有更多的机会深入自然、深入社会，缺少实践经验，这容易使他们陷入理想主义，陷入空想。

4. 思维更具独立性与批判性

大学生的思维已经能够离开客观事物和具体形象，从具体现实中解放出来，触及事物的本质，用抽象的理论体系把认识与解答统一起来。大学生具备了反省思考的能力，具有独立性与批判性。在大学生看来，反省思考似乎是全能的，似乎世界也应服从于一个观念的格式，而不应服从于现实的格式。

二、大学生情绪、情感的发展

大学生处于生理、心理发展的高潮阶段，思想活跃、思维敏捷、兴趣广泛，但由于经验不足，理智尚不够成熟，表现出独特的情绪活动特点。

（一）情绪的丰富性与复杂性

处于青年中期的大学生，身心发展已经成熟或接近成熟，能独立处理个人生活和周围的事物。他们精力充沛、思想敏锐，敢想、敢说、敢为，富有激情和创造性，情绪、情感日益丰富。他们渴求知识、兴趣广泛，追求友谊和爱情，常对自己喜欢的对象和活动表现出热衷，对自己信服的人和关心自己的人表露出钦佩、仰慕。他们为学习、工作、爱情的成就而欢乐，为挫折而苦恼或忧心忡忡……总之，会产生自尊、自信、自负、自卑等丰富而复杂的情绪。当然，这些情绪体验在不同的个体身上也存在着一定的差异性。同时，他们还表现得既有青少年期残留下来的天真幼稚，又有成年期的深思熟虑。随着知识的增多、自我的成熟、实践的锻炼，他们会形成许多高尚的情操，如集体荣誉感、爱国主义情感及为真理和正义而献身的热忱等。

（二）情绪的不稳定性与心境化

大学生的情绪犹如疾风怒涛，表现出多变、不稳定的特点。他们容易兴奋、冲动，喜欢感情用事，情绪起伏较大，容易从一个极端走向另一个极端。他们可能因一时的成功而产生积极的、愉快的情绪体验，甚至骄傲自满、忘乎所以；也可能因一时的挫折、失败而低估自我，甚至意志消沉、悲观失望。同时，他们的情绪一旦被激起，即使刺激消失，也还会转化为心境。如由成功或满足带来的喜悦往往会持续一段时间，并扩散到其他事物上，有事事称心如意之感；相反，一旦染上消极、忧愁的情绪，则可能会闷闷不乐，即使对平时喜爱的活动也兴趣全无。

（三）情绪的外显性与内隐性

大学生对外部刺激反应迅速、敏感，喜怒哀乐表现得充分而具体，由情绪引起的内心变化与外部表现是一致的，具有外显性特点。如取得了好的成绩、获得了好的评价，高兴之情会溢于言表。但大学生的外部表现与内心体验又不完全一致，在某些状态下甚至会有相反的表现。他们有时会有意识地掩饰自己内心的真实感受，如对于一些事物的看法、内心存在的秘密，说或不说、多说少说，都会随时间、地点、条件而转移。尤其是在对异性的态度上，明明喜欢某个人，却有意或无意地表现得不关心甚至冷漠。

（四）情绪表现出一定的理智性

大学生随着年龄的增长，年级的升高，社会经验、知识的积累，以及大学环境的熏陶，自身素质不断得到提高，情绪的波动性、冲动性减少，能理智地看待问题。在不良情绪出现时，能够积极主动地寻找引起不良情绪的原因，进行自我反省，不断调整自己的情绪状态，理智地自我调节与约束，尽可能地减少情绪带来的消极影响。

三、大学生意志水平的发展

一个人在意志行动中所表现出来的稳定的、鲜明的心理特征就是意志品质。大学生的意志品质呈现出较高的水平，但发展不平衡。总体而言，大学生的意志品质呈现出以下特征。

（一）自觉性不断提高，盲目性与惰性依然不同程度地存在

随着身心的发展、自我意识的增强及知识和经验的积累，大学生行为的目的性、自觉性有了较明显的提高。大多数大学生在学习与生活中能自觉地制定自己的行动目标，制订学习、生活计划，并努力克服困难，朝既定目标行动。

（二）果断性增强，但面对重大决定仍犹豫不决，仓促行事依然明显

由于独立性的提高、知识经验的丰富及能力的增强，多数大学生行事的果断性有了较大的发展。因此，一般情况下，大学生喜欢自己做决定，采取行动时亦表现得自信、果断。但由于果断性的体现与各方面的因素关系密切，大学生自身的发展与果断性的要求还没有完全适应，行为主体对意志的果断性也有一个自我认识与评价的过程。因此，大学生能够独立、迅速地对一般的学习、生活、工作做出决定并付诸行动，但在关键性的重大行动前，不少大学生又常常表现得优柔寡断、犹豫不决或者仓促行事，很容易事后后悔。

（三）坚韧性品质突出，但动摇、固执依然存在

大学生血气方刚、精力充沛，富有正义感与冒险精神，再加上以往生活经历的锻炼，使得其自身的坚韧性品质突出。他们敢想、敢说、敢干，内心充满为真理而勇于牺牲自己的大无畏气概，为克服学习、生活中的各种困难而一往无前。但由于大学生对社会生活的认识和体验还处在没有完全成熟的水平，往往追求理想，容易脱离实际、陷入空想。在实现目标的过程中，大学生往往不顾客观条

件，不善于从现实情况出发，固执己见、急躁冒进，滥用体力与精力；热情很高，但缺乏韧性、持久性，容易随时间的推移和困难的增多而失去信心，表现得左右动摇，导致做事有始无终。

（四）自制力达到相当水平，但某些时候仍显薄弱，容易被情绪左右

在日常生活中，大学生一般能较理性地思考与行动，努力地进行自我调节。但仍有不少大学生常常为自己的自制力薄弱而深感苦恼，他们感到自己不容易消除内在情绪和外界环境的干扰，自己想做的事做不到，订下的计划往往难以实现，难以控制强烈的情绪冲动，等等。总体来看，大学生的自制力水平较之成人还有待进一步提升。

总的来说，大学生的主要意志品质在多数大学生身上已基本形成，并逐渐成熟。不过，大学生意志品质的发展呈现出差异性、不平衡性。就某一个体的意志品质发展而言，不同方面也有差异，不同情境下也有不同的表现。就某一品质而言，多数大学生往往处在连续线上的某一点，既不是绝对好，也不是绝对差，而且常常处在意志的冲突、选择中。

四、大学生个性与人格的发展

人格是个体心理特性的整合体，在不同的时空背景下影响人外显和内隐的行为模式。自我同一性是美国哈佛大学著名心理学家埃里克森（Erikson）在人格发展理论中提出的一个重要概念。埃里克森认为，同一性问题是青春期人格发展的核心，反映了青春期人格发展所遇到的矛盾和冲突的内在根源。大学生的自我同一性发展主要有以下特点。

（一）大学生自我意识的形成和发展就是自我同一性确立的过程

大学阶段，正是一个人人生的转折点，也是人的自我意识形成、发展、走向完善的重要时期。在大学阶段，学生将面临学业、择偶、就业等各方面的心理压力，更为重要的是，在自我意识形成上面临着巨大的挑战与压力，会出现一系列自我认识过程中的困惑。人格发展就是自我意识的形成从自我分化到自我整合的过程。可见，大学生自我意识的形成实际上正是埃里克森所说的自我同一性确立的过程。

（二）大学生自我同一性经历着矛盾与冲突

在整个大学阶段，大学生主要进行自我的探索和目标的实现。在这个过程中，他们会经历主观自我与客观自我、理想自我与现实自我、个人期望的自我与他人期望的自我、现实自我与未知自我等一系列矛盾与冲突，最终获得自我同一性的整合。

（三）大学生自我同一性发展的阶段性

大学生自我整合的过程并非一个循序渐进的平稳过程，而是在冲突和矛盾中逐步统一、逐步完善的过程，是一个否定之否定的过程。在大学阶段，学生的自我同一性的确立与形成大致可分为以下三个阶段。

1. 主观臆想阶段

拿大学一年级新生入学适应阶段来说，这一阶段大学生的自我概念最强。但这种自我概念往往更多的是一种理想式的、自我中心式的或内容抽象模糊的自我概念。当然，也有部分学生，由于个人成长（家庭）背景的影响、个人经历的重大创伤、高考的失利（没考入自己理想的学校或专业）而对自己的评价出现困惑。

2. 碰撞阶段

大学二年级、三年级的学生，对自我的理解与认识往往处于最差的阶段——"最找不到自我"的阶段。他们在如何面对及认识自我的问题上，面临着上述提到的一系列矛盾和内心冲突。为此，相当一部分学生将大学的中期阶段视为"最苦闷"的阶段。

3. 确立阶段

大学毕业前，大多数学生对自我的理解与认识开始比较实际和客观了，这一阶段被称为"重新找到自我"的阶段。这一时期，伴随着毕业时间的临近，多数学生已经逐步将过去抽象的、空泛的、过于理想化的自我追求逐步向务实的、具体的、现实的自我需求靠近。需求趋于现实，有了比较具体的、清晰的努力目标和评价标准，对自我的认识也变得较为客观。

第三节　心理健康的标准

一、心理健康的概述

（一）心理健康的概念

所谓心理健康，是指在身体、智能以及情感上与他人的心理健康不相矛盾的范围之内，将个人的心境发展成最佳的状态。要正确地理解心理健康的含义，须注意以下三点。

第一，心理健康是多方面健康的统一体，包括健康的身体、正常的智能及良好的情绪状态，缺失任何一方面，都不算达到心理健康。同时，这三者之间的关系也是相互影响、相互依存的，是一个相互作用的统一的整体。

第二，自身心理健康状态不能与他人的心理健康相矛盾，不能以损害他人的心理健康作为成就自己的前提。心理健康的目标是追求一种自身与他人和谐共处的双赢状态。

第三，心理健康是指个体所能达到的最佳状态而并非完美的境界。也就是说，心理是否健康要基于自身的条件，以自身作为参照系；同时，也不要苛求完美。

世界心理卫生联合会还明确提出心理健康的标志：第一，身体、智力、情绪十分调和；第二，适应环境，在人际关系中可以彼此谦让；第三，有幸福感；第四，在工作和职业中能充分发挥自己的能力，高效率地生活。心理健康主要包括发育正常的智力、稳定快乐的情绪、高尚的品质、坚强的意志、良好的性格、和谐的人际关系等。心理健康的人充满生命的活力，能充分发挥身心的潜能。

（二）心理健康的意义

1. 心理健康能提高机体的健康水平，对预防疾病有积极的作用

心理素质好、自身免疫力强，可以提高机体对疾病的抵抗力，减少感冒、传染性疾病的患病概率。

2. 心理健康是高效率脑力劳动的一个很重要的内在条件

智商正常是心理健康的标准，情商、逆商值高也是高率效脑力劳动最重要的内在条件。

3. 心理健康可以延缓衰老，使人常葆青春

大哲学家黑格尔（Hegel）认为，额上的皱纹是愁苦的表情留下的痕迹，所以，心理健康会使你更美丽、更出众。可以毫不夸张地说，保持心理健康是世间最好的美容术。

4. 心理健康是社交的有力助手

心理健康者善于处理人际关系，所以心理健康是社交的有力助手，是良好的人际关系的产物和结果。

5. 心理健康是自我调节的杠杆和阀门

心理健康者善于调整自己的情绪，能够预防和调适不良心态的发生与发展，保持心态平衡和稳定，因此，心理健康是自我调节的杠杆和阀门。

6. 心理健康是一种生活目的

心理健康与否，只有在人际交往和人际相互作用过程中才能得以调节与展示，从而使个人生活质量得以提高、精神境界得以升华，因此，心理健康是一种生活目的。

（三）心理健康教育

人的心理是非常复杂和奇妙的。很多大学生对人的心理现象充满了好奇，因此对心理学也充满了好奇。实质上，心理学是一门研究人的心理现象和行为规律的科学，心理学与人们的生活密切相关。积极心理学是心理学新的生长点，又被誉为一门研究快乐和幸福的科学。积极心理学倡导用积极的心态对人的许多心理现象，包括对心理问题做出新的解读，用一种欣赏性的眼光去看待人类的潜能、动机和能力，从而激发个体自身所固有的某些实际的或潜在的积极品质和积极力量，并利用这些积极力量和优秀品质帮助有问题的人、普通人或者具有一定天赋的人最大限度地挖掘自己的潜力，并获得良好生活。

随着经济的快速发展，人们的生活节奏日益加快，竞争越来越激烈，人际关

系越来越复杂，工业化、现代化、社会化、一体化的程度在不断提高，科学技术的飞速进步迫使人们不断地进行知识更新。作为社会人口的重要组成部分，生活和学习在大学院校里的学生们需要面对许多可能会引发心理问题的情况，例如对新生活、新环境的适应，对专业的选择和学习的适应，理想与现实的差异，宿舍、同学、师生等人际关系的处理，以及恋爱、就业等问题。

如何使大学生以积极的、正常的心理状态去适应环境，增进身心健康，预防心理和精神疾病的发生，使同学们能更好地发展自身的潜力、发挥自身的实力、开创美好的人生，是目前需要解决的重要课题。因此，大学生心理健康教育就成了时代发展的迫切需要和学生成长的重要保障。

在大学生心理健康教育中，教师应该多与学生探讨诸如幸福的奥秘、怎样保持生命的最佳状态、怎样拥有或洋溢积极的精神、怎样保持充满乐观的希望和散发春天般活力的阳光心态等这类促使学生思考和培养积极生活态度的问题。积极心理健康的核心理念是，心理健康不仅要关注人的各种心理问题或心理疾病，还要更多地关注人的积极品质或积极力量。

当前开展大学生心理健康教育的目的在于将积极心理学与传统的大学生心理健康教育进行有机结合，让学生懂得利用积极心理学原理反省、思考、实践，从而对其心理的健康发展有更大的帮助，让大学生能更好地挖掘潜能，发展技巧，从而更好地工作、学习和生活。

总之，心理健康在人们的生活、学习和工作中都有重要的作用，它可以让人们全面、健康地发展，使人与人之间的关系更为和谐。随着社会的发展和进步，心理健康的重要性越来越凸显，健康的心理也是一个人快乐和成功的保证，是社会稳定的条件。

二、心理健康水平的判定

一个人的身高可以用尺子精确地测量，一个人的体温可以用温度计准确地测定，但是判定一个人的心理健康水平就困难得多了。在实际生活中，人们在判定心理健康水平时主要采用以下三种标准。

（一）常态分配的标准

人的各种心理特征或现象基本都服从常态分配"两头小、中间大"式的分布，即居中的总是大多数，而特别突出或特别滞后的总是少数。照此标准，如果某种心理特征或现象和大多数人一致，则被认为是健康的；反之，则被认为是不健康的。在实际生活中，人们或多或少都会用到这种标准，该标准虽有一定的道理，但比较消极。

心理测验法是用标准化的心理健康量表进行测评，把结果和常用模型进行比较，若某项超出该项常用模型平均值的标准差，一般就认为出现异常。此方法除了可以个别施测外，还能大量地用于团体测验和心理健康流行病学的调查，以掌握某一人群心理健康水平的分布状况。这是目前心理健康水平评定中应用最为广泛的方法，但此种方法有一定的局限性。首先，由于心理的差异主要是质的差异，仅仅以数量评定难以准确地区分常态与变态，而且常态与变态也并没有绝对的数量分界线；其次，常态与变态的标准和社会文化背景有一定的联系；最后，此方法使用时须明确量表和适用对象与范围，并需要被测验者认真配合，否则误差会较大。

（二）社会规范的标准

照此标准，如果特定个体的某种心理特征和行为表现符合其社会角色规范，即被认为是健康的；反之，则被认为是不健康的。传统上，我国广泛应用这种标准，尤其在教育领域。

（三）心理适应的标准

判断一个人的心理是否健康，可以以其是否有良好的生活适应性作为标准，这种标准非常重视个人的心理感受。可以说，这种标准顺应现代社会的发展趋势，不仅为众多专家学者所倡导，也越来越为民众所接受。

长期以来，人们习惯于将人的精神正常与否看作黑白分明的事情：要么你是个正常的人，无论你思想和行为有多大的变化和异常现象；要么你就是一个疯子，无论你的疾患有多大的好转。这对人的精神正常与否做出非白即黑的判断，未免太过简单化。国内学者张小乔提出心理健康"灰色理论"的概念，即人的精神正常没与不正常有明显的界限，它是一个连续变化的过程。具体来说，如果将人的心理正常比作白色，心理不正常比作黑色，那么在白色与黑色之间存在着一个巨大的缓冲区域——灰色区域。灰色区域又可划分为浅灰色区域与深灰色区域。处于浅灰色区域的人只有心理冲突而没有人格的变态，其突出表现为诸如失恋、丧亲、工作学习不顺心、人际关系不和睦等生活矛盾所带来的心理不平衡与精神压抑。处于深灰色区域的人则患有某种异常人格障碍和神经症等。一般而言，浅灰色区域与深灰色区域之间无明确界限，后者往往包含前者。

三、心理健康标准与原则

人的心理怎样才算健康？以什么作为健康的标志？是非常复杂的问题。要判断一个人心理健康还是不健康、正常还是异常是相当困难的，因为并没有一个公认的、一致的标准。

(一) 心理健康标准

虽然心理健康没有一致的标准，但已有许多心理学家从不同角度对此进行了积极的探索，提出了各种观点，归纳起来，大致有以下七条标准。

1. 智力正常

正常智力水平是人们生活、学习、工作、劳动所需的最基本的心理条件。从智力测验的角度来衡量，智力水平要与同龄人的智力相比较。人的智力主要由观察能力、记忆能力、思维能力、想象能力和操作能力组成，这五种能力要相对平衡，以防智力发展畸形。

2. 情绪健康

情绪稳定与心情愉快是情绪健康的重要标志。情绪稳定表明一个人的中枢神经系统处于相对平衡的状态，意味着行动功能的协调。喜怒无常是情绪不健康的表现。心情愉快表示人的身心活动和谐。一个人心理上快乐，则使其整个身心都处于积极向上的状态，对一切充满希望。如果一个人常常愁眉苦脸、灰心绝望，则是心理上不健康的标志。当然人生难免有不幸的遭遇，但心理情绪健康的人，即使遭遇不幸，也能很快重新适应，而不至于长期处于悲观的心境中。

3. 意志健康

行动的自觉性和果断性是意志健康的重要标志。自觉性是指一个人在行动中有着明确的目的性，与之相反的是盲目性。果断性是指人能适时地做出决定并执行，与之相反的是优柔寡断和草率。经常性的盲目性和优柔寡断是意志不健全的表现。意志顽强性也是意志健全的表现。意志顽强性是指可以长时间地专注和控制行动去符合既定目的所表现出来的个性特征。

4. 行为协调

一个心理健康的人，其行为是一致的、统一的，思想与行动也是统一的、协调的，其行为有条不紊，做起事来按部就班。心理不健全的人，其行为是矛盾的、分裂的，做事有头无尾，语言支离破碎，思维矛盾，注意力不集中。

5. 人际关系适应

人类的心理病态主要是由人际关系失调引起的。人的交往活动往往能反映人的心理健康状态，人与人之间正常的、友好的交往不仅是维持心理健康的一个必不可少的条件，也是获得心理健康的重要方法。当一个人渐渐离开朋友而喜欢过孤独的生活时，这往往表示开始出现心理不健康的苗头。

6. 反应适度

人的反应存在个体差异，有的人反应敏捷，有的人反应迟缓，但这种差别有一定的限度。反应敏捷绝不是过激，反应迟钝也不是没反应。人反应的心理失度表现为对反应的异常兴奋或异常淡漠。例如一个人听见声响，稍有震惊，这是正常的心理反应；若有人因此大喊大叫，就是过度反应。一个人遇到困难情绪就一落千丈，稍有一点挫折就无法容忍、憎恨别人，这是心理失常的先兆。

7. 心理特点符合年龄

人在不同的年龄阶段有不同的心理特点，如儿童天真活泼、青年朝气蓬勃、老年沉着老练。如果青年人出现了老年人的心理特征——记忆力不断减退、孤独感明显等，心理就是不健康了。

（二）心理健康的原则

判别个体心理是否健康本质上就是判别其心理功能状态的好与坏。心理卫生工作实践发现，良好的心理功能状态必须符合以下三个基本原则。

1. 心理活动与客观环境的同一性原则

人的心理活动从内容上讲归根结底是对客观现实，尤其是对社会现实的反映。所以，任何个体的心理活动与行为无论从形式上还是从内容上，都必须与他所生存的客观环境保持一致。

2. 心理过程各部分之间的协调一致性原则

个体的认知、情感和行为意志三者相互影响、相互依存和相互制约。因此，这三者应该是完整统一、协调一致的。三者不统一意味着个体心理的分裂。例如恐怖症患者认知上并不认为某物有危险性，而情感上却产生不可控制的恐惧，行为上产生逃避，这显然是认知、情感和行为意志的矛盾，所以是异常心理状态。

3. 个性特征相对稳定性原则

长期的生活经历会让一个人的心理过程带有稳定的个人差异与特点，形成较稳定的个性特征。因此，其心理活动的特点或个性特征是不会突然改变的。如果一个人的个性特征突然出现明显的变化，例如一个一向热情活泼的人突然变得沉默寡言，而且没有合理的原因，这就表明他的心理活动产生了异常。

四、正确理解与把握心理健康标准

从某种意义上讲，我们都是"问题中人"，也只有"问题中人"才是正常的人。关键在于我们怎样调节，面对问题而智慧地生活，这就是心理健康。当然，上述的心理健康标准只是一种相对的衡量尺度，只有质的描述，而没有精确的量的计算。必须将上述标准分解成从不同角度判别个体心理健康水平的各个心理测量量表之后，才能既从质上又从量上判别个体的心理健康状况。

另外，对于上述心理健康标准应做辩证、全面的理解和应用。心理健康状况是一段时间内较常存在的心理状态，一个人偶尔违背上述标准，并非心理不健康。心理健康状态不是静态的、固定不变的，而是动态的、变化的——既可由不健康转变为健康，又可由健康转变为不健康。一个人的心理状态不符合上述标准，只能说明他此时此刻的心理不健康，而不意味着他从前或今后的心理也不健康。心理状况由健康到不健康并非非此即彼，而是由对立两极间的各个连续的状态构成。因此，不能用"不健康"一言以蔽之。

总而言之，对心理测量的结果，应因时、因地、因人、因事做具体分析，全面而深刻地理解它的内涵。个体的心理健康状态是动态变化的。随着个体的成长、经验的积累及环境的改变，心理健康状况也会因此而改变。因此，我们可将心理健康的标准理解为一种理想的尺度，它不仅提供衡量一个人是否健康的标准，还指明提高心理健康水平的努力方向。每个人在自己现有的基础上都可以为之做出不同程度的努力，都可以追求自己心理发展的更高层次，从而不断发挥自身的潜能。

第四节　影响大学生心理健康的因素

一、生物因素

（一）遗传因素

人的心理主要是在后天环境影响下形成和发展起来的，然而，人的心理发展与遗传因素也有着密切的关系。统计调查和临床观察资料表明，很多精神疾病的发病原因确实与血缘有关系。血缘关系越近，对患者遗传影响也就越明显，这是遗传因素起作用的最为明显的证据。同时，遗传上的易感性在某些人身上也是存在的，以遗传素质为基础的神经类型及各个年龄阶段所表现出的身体特征也可以影响人的心理活动。

（二）病毒感染与躯体疾病

由病菌、病毒（如脑梅毒、斑疹伤寒、流行性脑炎）等引起的中枢神经系统的传染病会损害人的神经组织结构，导致器质性心理障碍或精神失常。这一点对儿童的影响尤为严重，是造成儿童智力迟滞或痴呆的重要原因。脑外伤或化学中毒、某些严重的躯体疾病、机能障碍等也是造成心理障碍和精神失常的因素。

二、心理因素

（一）情感因素

人的心理活动往往通过改变人的情感影响内脏器官的活动。积极、愉快的情感对人的生活起着良好的作用，有利于发挥机体的潜能，提高工作效率，增进人体健康。近代医学科学实验研究已经肯定消极情感对身心疾病的发生、发展过程有着不良影响。例如无所依靠和失望的情绪可以降低一个人的免疫力。情绪在心理变态中起核心作用，心理和精神疾病的先兆往往表现为情绪异常，所以良好的情绪是心理健康的重要保证。

（二）个性特征

每个人都有自己独特的个性，它对人的心理健康有非常重要的影响。这是因为人们总是根据自己的个性特点对致病原因及已形成的疾病做出各种反应，所以，个体的个性特征往往比引起疾病的病原性质更能决定疾病的表现。研究显示，各种精神疾病特别是神经官能症，往往都有相应的特殊人格特征作为其发病的基础。例如强迫性神经症，其相应的特殊人格特征称为强迫性人格，具体表现为谨小慎微、求全求美、自我克制、优柔寡断、墨守成规、拘谨呆板、敏感多疑、心胸狭窄、事事容易后悔、责任心过重和苛求自己等。又如和癔症相联系的特殊人格特征是富于暗示性、情绪多变、容易激动、耽于幻想、以自我为中心和爱自我表现。因此，培养和完善健全的人格是预防和减少心理障碍或精神疾病的一项重要措施。

（三）心理冲突

心理冲突是人们面对难以抉择的处境而产生心理矛盾的状态。由于心理冲突带来的是一种心理压力，这种压力会增大个体适应环境的困难程度，因而在多数情况下都会对个体的身心健康和工作产生不良的影响。尤其当冲突长期得不到缓解时，便会产生紧张和焦虑的情绪，严重的还会导致心理疾病。虽然心理冲突并不一定全都是坏事，但剧烈的心理冲突无疑有损身心健康，所以应尽量避免。

三、社会因素

（一）生活环境因素

首先，物质生活条件恶劣，生活习惯不当，如摄取烟、酒、食物过量等，都会影响和损害身心健康；其次，不良的工作环境，如劳动时间过长、工作不能胜任、工作单调及居住条件不合心意、经济收入差等，也会使人产生焦虑、烦躁、愤怒、失望、紧张等心理状态，从而影响人的心理健康；最后，生活环境的巨大变迁也会使个体产生心理应激反应，由此造成心理不适。

（二）文化教育因素

教育因素包含家庭教育和学校教育两个方面。对个人心理发展而言，早期教育和家庭环境是影响心理健康的重要因素之一。研究显示，个体早期环境如果单调和贫乏，其心理发展将会受到阻碍，并会抑制个人潜能的发展；而从小受到良好照顾、接受丰富刺激的个体则有较大可能在成年后成为佼佼者。此外，儿童与父母的关系，父母教育的态度、方式，家庭的类型等也会对个体以后的心理健康水平产生影响。早期与父母建立和保持良好的关系，充分得到父母的关爱，受到支持和鼓励的儿童，容易获得安全感和信任感，并对成年后的人格发展、人际交往、社会适应等方面有着积极的促进作用。

学校教育的失当，如学校的教育方法，学校的人际关系、校风等方面的问题，教师的教育态度、人格状况不良等都会导致学生心理健康问题的产生。不同的社会文化对人的心理健康也有重大的影响。不同文化中精神病的发病率与临床表现形式都存在着显著的差异。

（三）重大生活事件与突变因素

生活中遇到的各种各样的变化（尤其是一些突然变化的事件）常常是导致心理失常或精神疾病的原因，如家人死亡、失恋、离婚、天灾、疾病等。在对生活事件与心理健康之间的关系进行解释的时候，一般人认为是因为生活事件增加了个体适应环境的压力。换句话说，个体每经历一次生活事件，都要付出精力去调整由这一事件的发生所引起的生活变化。例如结婚就意味着单身生活的结束，开始新的家庭生活。而升学、就业、谈恋爱等也会不同程度地促使个体生活改变，如果生活事件增加，那么个体的生活变化也会相应增加，个体要适应变化了的生活，所付出的努力也需要相应增加。所以，如果在一段时间内发生太多的生活事件，个体的躯体和心理健康状况就极易受到影响。

除生活事件的影响外，个体所处环境的巨大变迁也会使个体产生心理的应激。虽然环境变迁也可以算作生活事件的一部分，但这种变化对个体适应的影响将更加突出。很多刚入学的大学生，尤其是来自农村和边远地区的学生，由于入学前后生活和学习环境的巨大变化，在适应新的环境时容易出现各种各样的困难。

四、促进心理健康的途径

《人类行为百科全书》指出：促进人类心理健康的活动，应该包括生理、心理和社会三方面的内容。生理方面是指从受孕期到老年的各阶段人体脑神经系统的保护和预防损伤的各种卫生保健的服务事项；心理方面是指自幼到老的各发展阶段的心理需要获得满足和情绪困扰减到最低的限度；社会方面是指社会环境、社会制度和社会组织各方面功能的强化。所以，维护心理健康和提高心理健康的水平，也必须从这三大方面去考虑问题，采取相应的方法和措施才可以达到预期目的。

（一）坚持健康的生活方式

生活方式是指在日常生活中人们所遵循的行为规范，即习惯化了的生活活动形式。在日常生活中人们总是按一定的方式去生活，这种方式是每个人在自己的生活过程中，为适应社会生活环境要求，自然而然地形成的。不健康的生活方式和不良的卫生习惯会对人体健康带来严重的危害，引发许多常见病、多发病，如高血压、糖尿病、溃疡病、冠心病、脑卒中，甚至癌症。"健康的精神寓于健康的身体"，健康的生活方式和良好的卫生习惯则有利于提高人的身体健康水平，有了健康的身体，才能给心理健康提供良好的基础。

（二）讲究心理卫生

人们要维护和保持心理健康、提高心理健康水平就必须讲究心理卫生。所谓心理卫生，指的是人们维护和保持心理健康，提高心理健康水平，避免和减少发生心理失调与精神疾患的原则、方法和措施。

1. 要注意用脑卫生

大脑是心理器官，而心理是大脑的功能，如果大脑受到损害，其心理功能也必然要受到危害，这时心理健康自然就难以维护和保持。用脑卫生除避免物理、化学和生物的有害影响之外，主要是指在使用大脑时要讲究科学用脑，就是要劳逸结合、有张有弛，避免大脑的过度疲劳以致功能衰弱，特别是应有充足的睡眠，以便使劳累一天的大脑有一个及时而有效的修复过程。

2. 切莫讳疾忌医

在我国，人们对心理失调或精神疾患的认识和态度存在许多误区，因而对一些本来很平常或难以避免的心理失调与精神疾患表现得难以接受、讳莫如深。如对于自身的心理失调或精神疾患常常讳疾忌医，对于别人则避而远之或报以歧视的态度。这对于预防和消除心理失调与精神疾患、维护心理健康都是很不利的，也违反心理卫生的基本原则与方法。讲究心理卫生的一项重要任务就是及时在心理失调之初寻求心理咨询与治疗专家或精神科医生的帮助，以尽快消除可能发生的心理失调或精神疾患。

（三）增强情绪的自我调控能力，及时排除各种负性情绪

人的情绪活动可以分为两大类：一是积极的良性情绪，如高兴、愉快、喜悦等，能给人的中枢神经系统增添新的活力，发挥机体的潜能，改善人的生理和心理功能，促进人的心理健康；二是消极的负性情绪，如愤怒、焦虑、恐惧、抑郁等。负性情绪的作用有两面性：一方面，有利于个体为适应恶劣的环境刺激而斗争；另一方面，负性情绪往往以强烈的激情状态或持久的心境出现，使人的头脑失去冷静，可能导致意识模糊或精神颓丧、意志低沉，使观察事物的能力和思维判断的能力被歪曲、意志行为反应受到扰乱等，从而影响人的整体心理功能的正

常发挥，使心理健康遭受严重的损害。因此，要维护心理健康就要学会自我调控情绪，及时排除各种消极的负性情绪。

（四）培养和完善健全的人格

人总是按照自己既有的人格来观察外界事物、思考问题、产生相应的态度和情绪体验；同时对外界环境刺激采取一定的应对策略，并做出一定的行为反应。能采取恰当的态度，体验正常的情感情绪，做出正确、合理的行为反应，即具备了健全的人格，因而有助于人们正确地评价客观事物，顺利地进行社会交往和正确处理人际关系，更有助于人们有效地去适应变化着的社会生活环境，从而不断地提高心理健康水平。所以，培养和完善健全的人格对于心理健康的维护有着极为重要的意义。

（五）积极参与社会活动，扩大人际交往

人类是一种群体动物，过的是群体生活，每一个人作为社会的一员都必须生活在一定的社会群体之中。通过群体的社会生活和交往活动，一个人就可以与群体中的其他成员或其他社会群体进行交往和联系，特别是和志趣相投的伙伴、朋友、同学和同事在一起，更能推心置腹地进行思想沟通与情感交流，从中得到启发、疏导和帮助。通过积极参与社会活动，人际交往得以不断扩大，不仅可以开朗心情、增进理解、交流经验、开阔视野，还可以使人获得更多的社会支持。更重要的是，这可以使人感受到与社会集体融为一体、不可分离及充足的社会安全感、责任感、信任感和激励感，从而大大增强个人对生活、学习和工作的信心和力量，最大限度地减少心理应激和心理危机感。社会活动是人们维护和保持心理健康最基本、最重要的因素之一。一个离群索居、孤芳自赏、生活在社会群体之外的人，是不可能做到心理健康的。

以上多方面途径构成了维护和增进心理健康的有机、统一的整体，只有生理、心理、社会适应三者协调发展才能获得良好的效果。

第二章 大学生心理健康教育的主要内容

第一节 大学生心理健康教育的覆盖内容

一、网络环境下的大学生心理健康教育

21世纪，互联网技术突飞猛进，网络技术已经广泛应用到各个领域，网络给我们带来前所未有的便利，例如网上购物、阅读新闻、网上办公、视频聊天等，网络已经成为我们日常生活的重要组成部分。但任何事物都有两面性，网络技术也不例外，不良信息也在不知不觉中影响着网民。高校大学生是网民的主要群体，由于大学生社会经验和生活阅历欠缺，很难辨别网络中的不良信息，且容易受其影响，而这一阶段也是他们心理发育走向成熟的阶段，所以加强网络环境下大学生心理健康教育尤为重要。目前，高校已经充分认识到网络环境对大学生心理健康的影响，如何引导大学生正确利用网络，如何辨识不良信息已经成为大学生心理教育的重要研究课题，进而探索出一套完整的网络环境下大学生心理健康教育体系，提高大学生心理健康素质。

（一）网络环境下大学生心理健康现状

网络是大学生进行学习、科研、娱乐和社交的主要途径之一。大学阶段正是大学生世界观、人生观和价值观形成的重要阶段，大学生的心理容易受到网络中各种复杂信息的影响，通过实际调查发现，大学生的心理状况主要表现在如下五个方面。

1. 盲目好奇

大学生处在心理素质形成的重要阶段，他们有了解外面世界的强烈愿望，但是由于缺乏经验和阅历，所以很容易受到周围环境的影响。随着网络技术的迅速

发展，网络包含的信息量越来越大，已经成为大学生了解外部世界的重要渠道。他们怀着强烈的好奇心在复杂的网络环境中获取新的信息，而有些信息中充斥着大量的不良内容，大学生还没有稳定形成辨别复杂信息的能力，所以在接受新鲜事物的过程中极易受到不良信息的影响，例如网络诈骗等。

2. 感情空虚

随着社会生活节奏加快，人与人之间的交流和沟通越来越少。大学生从父母身边来到一个陌生的环境，部分人因为过分依赖父母、人际交往能力差而导致内心空虚无助。网络作为一个虚拟的世界，成为他们释放自我、寻找情感慰藉的平台，现实生活中渴望得到的情感在网络世界中得到满足。久而久之，许多大学生沉迷于网络而不能自拔。

3. 自卑心理

大学生的家庭条件不尽相同，许多来自贫困家庭的大学生在学习和生活中会产生自卑心理，不愿和他人交流，压抑自己的感情，喜欢一个人独处。网络对他们来说是一个陌生的世界，在这里没有嘲笑和自卑，他们可以肆意地放纵自己，从而获得心灵的解脱。

4. 冒险心理

近些年网络游戏发展迅速，但监管不力导致一些存在不良内容的游戏得以发展，许多大学生想在虚拟世界中寻求刺激，从而沉迷于这些不良游戏中，严重影响学习和生活。

5. 浮躁心理

现在社会存在一些浮躁的现象，许多人想一夜暴富或一夜成名，流行的网红就是一个鲜活的案例。许多大学生受这些信息的影响，只想更容易、更快地赚到钱去享受生活，但是现实生活中没有不劳而获的途径，每个成功人士的背后都有一段令人敬佩的努力过程。

（二）加强大学生网络心理素质的培养

大学生沉溺网络是心理原因所致，对大学生在网络中所产生的心理负面效应应采用指导疏通的方法。

1. 加强网络认知教育

许多大学生最初上网缘于好奇和发展自我的愿望，但没有对网络的全面认识，不能有效地识别网络良莠不齐的海量信息，加之一些大学生意志力薄弱、自我约束力较差，不知不觉中陷入网络的大网。基于此，要在认知层面引导他们正确认识网络的本质，指导大学生恰当地利用网络资源，正确地辨别网络信息，自觉抵制各种不良信息的侵蚀，加强自己的自我约束能力，遵守网络规范，做遵纪守法的文明网民，从而有效地增强认知驱动力。

2. 培养网络自我教育的能力

随着网络时代的到来，现代教育已经不是过去那种无选择或很少选择的消极灌输，而是以积极摄取、自主选择为特征的主动接受。互联网信息成分庞杂，虚假信息充斥其间，而网络信息传播的开放性、自由性、多元性更需要大学生有较高的鉴别能力和自控能力。面对教育模式的改变和纷繁复杂的信息选择，大学生的自我教育能力有待提高。一方面，我们要相信现代大学生的思想觉悟和自我选择、自我判断及自我约束的能力；另一方面，自我教育不是自由教育，教育工作者应积极介入网络，在学生自我教育中发挥积极的引导和指导作用。值得注意的是，大学生年级的高低与上网率成反比例关系，即一、二年级大学生上网比例最高，而毕业阶段的大学生则比例非常低。这主要是因为低年级的大部分学生刚接触网络，对网络世界正处于新鲜、好奇和狂热期，加之不成熟的心理及离家在外的孤独感，使他们时常与网络为伴；而高年级的学生由于网络新鲜感的消失，心理日趋成熟及学业、求职的压力较大，对网络失去了低年级学生的狂热。可以得出，大学生网络自我教育的开展应把握住一、二年级的关键时期，防患于未然。

3. 重视网络时代大学生闲暇生活教育

如果把人的生活放在时间维度上予以考察，大致可分为三部分：生理时间、学习工作时间和闲暇时间。闲暇时间是个人放松身心、陶冶情志、开阔视野、丰富生活，按自己意愿支配的自由时间。闲暇生活是每个人生活中重要的组成部分，是促进个人身心健康、提高生活质量必不可缺的重要因素。学生上网的主要活动是聊天、游戏和收发邮件，下载软件和学习知识只占很小的比例，这说明在大学生网民中，大部分并不是因为学习的需要而接触网络，网络是当代大学生课余闲暇时间中的一种主要的娱乐休闲方式。大学生沉溺网络，一方面，是网络本身的诱惑与吸引；另一方面，也与其闲暇时间没有充实而丰富的活动安排相关。一些大学生网络行为失控的根本原因在于其个人发展空间的狭小和桎梏。如果大学生不能在学业中自我肯定，就应当倾向于从体育、文艺、社会活动、业余文化等闲暇活动中寻求充实和愉快，不然，就会沉醉于虚拟空间的成功、自信、尊重、满足而不能自拔。积极的闲暇生活给大学生带来的不仅是当时的感官享受和精神享受，而且能在劳逸结合、张弛有度、身心愉悦中为他们的未来发展打下坚实的基础。而消极无序的闲暇生活影响个人身心健康发展，甚至导致个人的消沉、堕落甚至犯罪。随着大学生自主性的增强，自由空间增多，网络时代大学生闲暇生活教育是促进大学生健康成长不容忽视的重要环节。

二、大学生生命教育探究

（一）对大学生生命教育的思考

20世纪中叶，生命教育开始在世界范围内流传且日益彰显出重要的作用。随着科技生产力的高速发展，人类社会不断前进，我们的物质和精神生活水平都有了显著提高，征服自然的能力也明显改善。随之而来的却是人类也遭到了各种挑战，环境问题日益凸显、自然灾害频发、资源短缺迫在眉睫、人口急剧增多、地球不堪重负等。另外，世界也并不和平，在局部地区，战争的阴影从未散去，还有的地方，一直处于贫困线以下，疾病高发，人们忍饥挨饿。这些都直接或间接地威胁着人类的生命，让很多人对未来的世界感到无所适从，迷茫感油然而生。于是，生命教育的重要性越来越多地被有识之士提及，以期唤醒人类对生命的正确认识，尊重生命存在的价值和意义。生命教育逐渐成为社会发展的必然趋势，这也可看成是人类在面临生命威胁和销蚀时的一种深刻反思。

近年来，随着我国科技的进步、经济的发展、社会体制的转型、改革开放的不断深入，大学生面临着前所未有的发展机遇的同时，也陷入了前所未有的竞争、压力、冲突、困惑、迷茫等生命困境。现代科技的迅猛发展带来了经济繁荣和物质丰富，但也带来了环境的破坏、资源的枯竭、人们生存危机的加重和生命尊严的销蚀，人们在追求生命存在意义的历程之中迷失了生命本身。从社会体制转型来看，大学生正处于我国社会主义市场经济的转型和建设时期，面对社会价值观念的多元化、人们思想观念的转变、入学求职竞争激烈、传统生活方式的改变，大学生承受的身心压力不断增大，一些大学生既无法适应社会发展的新变化，也无法从以往观念文化中找到行为的方向和准则，而正在全世界泛滥的后现代文化又提出要消解一切事物的本质、规则与意义。这让一些大学生陷入空前的迷茫、焦虑、压力和困惑中，不少大学生彷徨、无奈、消沉，感到"活得艰难、没意思"。

（二）生命在意义中安居

1. 人类生命的三重维度

生命是一个有机联系的复合体，对于"万物之灵"的人来说，人类生命有物质生命、精神生命和社会生命三重维度。

物质生命：生命首先是一个自然赋予的物质存在，即自然的生理性的肉体生命。尽管物质生命的存在是人与动物所共有的，但物质生命仍然是人类得以存在发展的首要物质前提和基础，脱离了物质生命，人类就失去了生命得以存在发展的物质载体。当代社会，部分人表现出对物质享受的过度追求与摄取行为，其实也是人之物质生命的极端表现。

社会生命：人总是处于一定的社会关系中，并承担一定的社会角色和责任。人的本质并不是单个人所固有的抽象物，在其现实性上是一切社会关系的总和。人的社会生命意味着人有对社会权势的渴望、对社会地位的关注、对社会关系的重视、对社会期望的回应，也意味着人所必然承担的社会责任、社会义务、社会道德、社会规范、社会良心。社会生命对人的物质生命和精神生命具有某种决定和制约作用，它决定人们生物本能的冲动和释放，制约着人们精神生命的自由和有序。

精神生命：人"是有意识的存在物"，具有精神生命。有意识的生命活动把人同动物的生命活动直接区别开来。精神生命的存在使人超越了动物的本能，而获得人性的自由和尊严。对个体的精神表现，"精神"在常识上可以这样讲，是由做出或遇到各种不同事情的人们身上表现出来的。从认识或知觉方面讲，他们有知觉、回忆、想象、抽象和推理的活动；从心理情绪方面讲，他们有快乐的感觉和痛苦的感觉，他们还有情意和欲望；从意愿方面讲，他们可照自己的意愿去做一件事情或不做一件事。所有这些表象都可以划入"精神"的事件范围之内。可见，人的精神生命是一个相对于物质生命和社会生命而言，表现于主观意识层面的理性的认知、丰富的情感及坚决的意志追求。正因为精神生命的存在，人们才会超越尘世的繁杂而执着于生命意义的思考和追问，才能在精神富足、对生命自由的向往追求中感受快乐和满足，才能在精神守望与理想追寻中固守坚韧与恒久。人的精神世界发展如何，是人的发展水平高低的主要标志，人与人之间存在差别，主要是由于精神发展的差异。作为精神生命的存在，人的存在总是为了值得存在的理由。而且，人能够超越当下的存在而追求更理想的存在，如对美好未来的憧憬、对个人发展的向往、对人生磨难的抗拒、对生命意义的追寻。人总是要有点精神的。这实际上就是对人类精神追求、理想信仰、道德操守的肯定与张扬。人是精神的存在，人性区别于动物性的高贵就在于人的生命具有高于生命的意义和目的。如果一个人沉迷于欲望，失去了对个人理想的追求和守望，必然感到存在的空虚和精神的萎靡。从个人生存来讲，没有必要的物质条件不行，没有精神层次的理想、追求和信念也不行。只有当一个不断朝向精神生命的存在使人超越了动物的本能而获得人性的自由和尊严，才可能获得真正的快乐、幸福与满足。

2. 生命在意义中安居何以可能

生命意义是什么？生命的存在对我有什么意义？是两个十分相似却又有着截然不同意蕴的问题，前者是一个根本性问题，即生命本身就是意义，活着就是意义；后者则是一个具有价值指向性的相对性问题，生命之于人类而言，并非仅仅意味着生存、活着，意味着吃饱穿暖、代际延续，更意味着人对物质生命的超越，意味着社会生命的发展，意味着对精神生命的诉求，意味着自我价值的实现及生命独特个性的彰显。

人不仅仅为了面包而活着，还要讲究活着的意义和价值。对此，很多人存在一个误区，以为只有做出具体而显赫的物质和精神产品贡献才是生命意义的体现。其实，每个人可以向世界提供的有价值的东西是非常多的，对万物生命的尊重、对亲人朋友的关爱、对生活目标的执着、对艰苦环境的超越；或者农民生产出粮食、工人生产出机件、科学家做出发明、教师桃李满天下的幸福、学生乐观向上勤俭节约的精神，在本质上都是一样的，都为自己的生命赋予了崇高的意义。人除了通过发挥其力量，进行生产性生活而赋予生命意义外，生命就没有意义了吗？生命的意义是关于生命的积极思考和追求。对每一个体而言，生命意义可从两个方面去理解：一是对生命存在的敬畏；二是对生命价值的追求，既包括对社会生命所赋予责任与义务的遵从，也包括精神生命所蕴含的对个体自由与价值实现的瞩目。

而安居自然是一种生存状态，透射着一种舒适与自在、轻松与安享。对于追求精神幸福与心灵自由的人来说，安居并非简单占有一个住处，它更是一种精神层面的栖居与安宁，其本质应是生活的和谐与精神的自由。安居是一种能够感受个体价值存在的幸福体验；安居蕴含着生命三维的协调相融，指向人与自然、人与社会、人与自身的共在与相融；安居是指属于人性彰显与本质需要的精神自由与心灵惬意的自在存在。人是寻求意义的动物，无法忍受无意义的生活。人们对生命意义的探寻是生活的基本动力。人生是有意义的，健康的人便生活在对生命意义的追寻和实现生命意义对心理健康的积极影响之中。对生命意义的探索和情绪健康有正相关，对生命意义的认识能够减缓消极生活事件对个体的影响；而缺乏对生命意义的理解与心理问题则有正相关。人有寻求意义的需要，无论生活在多么恶劣的环境中，即使在像集中营那样极端悲剧性的环境，人都能为自己的存在寻找出意义。而人一旦具有生存的意义，就能健康地生活。为了应对生存挫折，人们必须为自己的生活发现意义与价值。人在苦难中需要意义以求生存，人在优越的生活环境中同样需要意义以求生存和发展，否则就都有可能被不同程度的心理问题所困扰。而当代大学生中流行的"郁闷"感觉可以说就是对存在空虚感的形象概括。

对意义的追寻是人类存在的根本考问，人类参与社会生活的最终根源，是对意义和尊严的渴望，而非表面上所看到的游戏带来的利益。只有澄清生命的意义问题才能使我们的生存超越罪恶、混乱、虚夸、躁动，才能在纷华繁乱的世界中实现诗意的安居。意义是因人而异的，对一些人有重要意义并且值得孜孜以求的事情，对另一些人也许毫无价值。对人生意义理解不同，实质是人们价值观念不同的展现。笼统地说，意义可分为一般社会标准的生存意义和自我生活意义，每个人在追寻和确立自己的人生意义时总是以外在社会标准为依据，更以内在价值认可为准绳。如果二者达至相对统一就会使人目标明确、主动积极、内心充实；

如果人违背自己内心的意愿，被外界驱使去实现所谓人生的意义，那么他一定会从另一个方面否定或回避这一意义，并陷入迷茫、混乱、郁闷、空虚、烦躁和无所适从的低潮状态。因为这不符合人存在的事实，对意义的追求更是精神层面上的主动选择。在当前市场经济建设的社会转型时期，人们生存意义日趋多元化，多元化的意义取向使许多人产生严重的心理失衡，一方面希望坚持自己认可的人生价值导向，另一方面又不自主地为外在标准所左右。在这种矛盾挣扎中，如果缺乏一定的自我调控、自我肯定和自我认同能力，自我生活意义将被外在意义否定，而对自己生活意义的否定必将导致对自己当前生存状态的否定，甚至对自己生命的否定。许多人寻求心理咨询，也许并不是出于某一明显的身心病症，而是出于对人生的绝望和自我存在意义的混乱和受挫。这种混乱和受挫必将导致人的存在的空虚。

三、大学生职业生涯规划心理健康教育

大学生职业生涯规划指导是伴随我国高校就业体制改革而开展的教育新内容。职业生涯规划理论传入我国较晚，在大学生职业生涯规划实践中存在诸多现实困难与心理误区，开展大学生职业生涯规划指导是我国大学生心理健康教育走向生活的新发展。

（一）开展大学生职业生涯规划指导的必要性分析

1. 大学生职业生涯规划现状诉求

首先，大学生的职业规划意识淡薄，求职缺乏理性的职业规划。

其次，大学生在职业生涯规划中存在诸多心理误区。一方面，表现为大学毕业生在择业过程中的过度焦虑、自负、自卑、依赖、怯懦、攀比、冷漠等不良心理状态；另一方面，表现为当前大学生对职业生涯理解不足、职业自我意识认识不够、职业方向与需求模糊、职业期望过高、职业规划制订得急功近利等方面。

再次，大学生对自身职业生涯规划与指导存在很强的渴望的同时，对它也感到陌生；职业生涯方面的知识来源途径少，并无专门的职业生涯规划咨询机构。大学生对职业生涯规划方面的知识和服务的需求，对学校教学和管理部门提出了较高的要求，这种需求与高校目前的有限供给或低层次供给形成了矛盾。

最后，大学生职业生涯规划指导工作有待加强。我国大学生职业生涯指导主要表现为学校就业指导中心的就业指导工作，目前我国高校的就业指导工作主要是负责毕业生落实工作单位，包括为毕业生收集需求信息、联系用人单位、组织校园招聘、推荐学生就业、进行就业管理，工作对象多为毕业班学生，这与职业生涯规划的本质与主旨有一定的差距。

2. 职业生涯规划有利于大学生身心健康和最优发展

大学阶段是迈向成人的关键时期，这一时期，大学生们面临着许多关乎未来发展的重大抉择，如学业、交友、择业、就业、婚姻、人生价值等问题，对这些问题的选择与态度是影响大学生身心健康的重要因素。从大学生的年龄与心理发展特征看，其正处于心理变化最为激烈的时期，是从幼稚向成熟发展的时期，这一时期的大学生往往情绪多变、敏感脆弱、渴求发展又易脱离现实，在面临一些问题时因缺乏经验及相应的处理能力而易表现出困惑、焦虑、急躁、愤怒等不良情绪，引发许多心理矛盾。一些大学生的心理问题恰恰就缘于自我定位不足、决策能力不够、奋斗目标模糊、生活感受空虚、职业选择冲突、未来发展迷茫等发展规划不足等问题，良好的职业生涯规划有利于帮助大学生克服这些心理弱点。大学生正处于生涯探索期和生涯建立期的关键阶段。这一时期，大学生可以通过学校生活、社会实践开始对自我能力和角色、各种可能的职业选择及个人能力与职业的匹配等方面进行不断探索与尝试。职业生涯规划的目的绝不只是协助大学生按照自己的资历条件找一份合适的工作，提高高校就业率和社会满意度，更重要的是通过生涯探索与建立的求索历程帮助大学生真正地了解自己、了解职业，增长生涯认知，认清发展方向，明确发展目标，制订行动计划，更好地规划学习、生活与未来，有利于大学生在思维模式、情感方式、主体意识、规划能力、发展观念、职业生涯意识等方面从传统的文化心理素质向现代社会的文化心理素质转变，促进大学生身心健康发展。

职业是自我价值的延伸，是一个人寻求自我发展与自我实现的基本途径。大学生职业生涯规划完整与否，不仅影响个体的心理健康，也关系其一生的发展。一个人所从事的工作与其职业兴趣相吻合，能发挥其全部才能的 80%~90%，并能长时间保持高效率的工作而不疲劳；反之，就只能发挥全部才能的 20%~30%，还容易感到厌倦和疲劳。正处在个人职业生涯的探索阶段，这个阶段，大学生通过对自己的兴趣、爱好、能力、特点及客观环境的综合分析与权衡，通过对各种职业角色的了解和尝试，有利于大学生充分认识自己，实现合理的职业匹配，积极发挥自身的优势；有利于大学生树立务实可行的职业发展目标与职业理想，合理地利用学习时间和学习资源，不断进行自我增值、自我提高。与此同时，通过合理的职业规划，个人与职业的契合度越高，大学生未来的职业生涯就越有可能获得广阔的前景，从而实现个体的全面最优发展。

3. 心理特征与个体职业的双向选择

不同的个体依据个性特征的不同，有最适合的职业，包括现实型、研究型、艺术型、社交型、创新型和传统型六种具有不同职业个性的类型。在大学生个性心理的发展过程中，个体的兴趣、能力、气质、性格、价值观等个性心理特征都在很大程度上影响大学生职业方向和类型的选择与匹配。兴趣是大学生进行职业生涯选择的依据，不同的兴趣适合不同的职业类型，从事感兴趣的职业能有效提高大学生的工作效率，兴趣是大学生职业生涯发展过程的精神动力，以此推动大学生锲而不舍地追求某一职业目标，并保持职业生涯规划过程中的稳定性和连贯性。能力是个体能够胜任某项工作的主观条件，是职业规划的重要依据。我国近代职业教育的倡导者黄炎培先生用通俗的语言概述了职业与能力适合的重要关系：一个人职业和才能相不相当，相差很大，用经济的眼光看起来，不晓得有多少快乐，不相当，不晓得有多少怨苦。而不同的气质类型也显著地影响着大学生的职业类型。一般来说，胆汁质的大学生适合从事开拓性的职业，多血质的大学生更喜欢灵活性较大的工作，而黏液质的大学生适合从事稳定、细致、持久性的活动，抑郁质的大学生则适合精细、敏锐的工作类型。价值观是一种内心尺度，其在人们的职业生涯发展中起着极其重要甚至是决定性的作用。由于个人身心条件、兴趣爱好、教育背景、社会阅历等方面的不同，人们在职业选择中目标和要求也是不相同的。在职业定向与选择过程中，对自己的职业价值观有深入了解的大学生更能为自己选择理想的职业，能从职业生涯中获得内心的愉悦与充实。

（二）大学生职业生涯规划指导的内容选择

大学生职业生涯规划指导是以大学生职业心理发展特点为依据，以大学生职业生涯规划内容为基础，以大学生职业能力开发、自我潜能展现及职业生涯发展为着眼点的教育活动。从心理健康教育的视角来衡量大学生职业生涯规划指导的内容，可做以下分析：

1. 结合大学生心理发展特点开展职业生涯规划指导

发展心理学认为，个体的任何一个发展阶段都受其年龄、心理的影响。人在不同的职业发展阶段，对职业的需要以及追求发展的方向和采取的行为方式也存在着较大的差异。个体的职业心理发展划分为幻想期、尝试期和现实期三个阶段，揭示了个体早期职业心理的发展对其未来职业选择的影响。大学生正处于职业生涯发展的探索阶段，他们兴趣广泛、思维活跃、勇于尝试、渴求发展，对未来充满期望，但同时容易出现自我评价不足、社会认识不够、情绪变化较快、面对挫折承受能力不强等现象。同时，在不同的年级，大学生的思想观念、行为方式、生活内容、职业取向、价值目标也会发生相应变化。因此，在大学生职业生涯规划指导中要充分考虑他们的心理发展特点及不同年级大学生的学习任务和心理发展的不同，增强大学生职业生涯规划意识，在不同年级都要开展侧重点不同的职业生涯规划指导工作，而不能只是在毕业学年才去做。

2. 积极开展职业心理咨询，缓解大学生职业心理困惑

在大学这一职业生涯发展的探索阶段，因部分大学生对职业生涯规划了解不足，职业生涯规划能力尚待提高，再加上大学生特定的心理特点及种种的不确定性，大学生在职业生涯规划以及求职就业过程中会产生心理困惑和误区，这就要求我们在进行全面职业生涯规划教育的过程中，积极开展大学生职业心理咨询工作，运用专业心理咨询的方法和手段帮助大学生缓解和消除在职业探索过程中出现的心理困惑与问题，促使其职业心理的成长及职业规划能力的提高，协助大学生职业生涯规划顺利开展。职业心理咨询可以采用个别咨询和团体咨询两种模式。个别咨询问题主要针对来访大学生个体职业生涯探索过程中产生的困惑与问题进行直接的心理帮助；团体咨询主要以分组的形式，针对生涯探索过程中某一类问题进行指导与帮助，采取团体咨询辅导模式还可使大学生在专业设计的职业生涯规划团体活动中获得良好的实践锻炼和经验感受。

3. 科学开展职业心理测评工作，做好大学生职业定位辅导

职业定位是指要为职业目标与自己的潜能以及主客观条件谋求最佳匹配。良

好的职业定位是以对自己的需要、兴趣、能力、气质、性格、价值观等个性心理特征准确把握为依据的，在职业定位过程中谋求个体专业、特长、能力等与职业的良好结合，是大学生做职业生涯规划的必需。而对自我心理特征的充分了解必须借助科学的职业心理测评，通过科学的职业心理测评使大学生对自己有一个全面、准确的认识，即有一个实事求是、恰如其分的评价，从而协助他们对自己的职业潜能倾向和职业适宜性有清晰的了解。在大学生职业生涯规划指导工作中，职业心理测评不是目的而是一种过程，是为了帮助大学生更好地自我探索与澄清，了解自己的职业兴趣、技能、价值观和人格特点，以便更好地针对个人职业生涯展开规划与设计。在对大学生开展职业心理测评工作时，要注意使用科学、合理、有效的测量工具与方式，以提高职业心理测评的科学性。

4. 以教育发展性为指导，开展持续动态的职业心理辅导

职业选择是一个动态过程，不是一次性完成的"选择"，它往往伴随着人们身心发展的历程而不断发展完善。在职业选择与定向的整个发展过程中，可以分为几个连续的阶段，每一阶段都有其特定的发展任务，如果前一阶段的任务没有很好地完成就会影响后一阶段的职业发展任务。从这个意义上讲，大学生职业生涯指导所涉及对象的外延就不仅是毕业生，而是全体大学生；教育内容则不限于职业心理困惑的指导，而是以教育的发展性为指导，在尊重个体和年级差异的基础上，开展持续动态的大学生职业心理指导工作。在这个动态的指导过程中，主要包括三个方面。一是大学生求职择业的心理准备，即大学生在就业前对求职择业目标的自我定位，对择业过程中可能出现的各种情况所做的估计与评价，以及为了解决这些问题而建立的思想观念和心理活动。大学生择业的心理准备是一个长期的过程，贯串于整个大学生活，如大学生竞争意识与能力的培养、良好的择业心态的养成、社会适应能力的提高、职业方向与理想目标的定位等。二是大学生求职择业中心理矛盾的指导与调适。因大学生具有特定的年龄心理特征、学校相对封闭的环境以及社会改革的深入，大学生在择业中常常会出现一些矛盾心理及误区，因自我认识不足而在择业过程中产生盲目的自卑心理，双向选择赋予大学生更多的选择机会而产生的"鱼和熊掌"兼得的欲望心理，等等。这些矛盾心理与心理困惑是大学生职业心理指导中需要及时调节与指导的重要内容，如果不能及时疏导宣泄，可能发展成为影响大学生整个职业生涯规划的心理障碍。三

是社会适应期心理指导与调适。主要是针对毕业大学生的心理辅导，即大学生走向社会，在具体的职业岗位上对社会环境适应的心理调适指导。如指导学生形成适应未来工作环境的积极的心理倾向，强化学生面对社会现实保持积极乐观的心态并培养良好的职业道德意识等。大学生走向社会的适应期长短因人而异，实践证明，谁能较快地适应社会谁就能较快地取得成才的主动性。良好的社会适应性是大学生在新的工作环境及社会生活中取得进一步发展的重要基础，也是大学生整个职业生涯规划得以持续发展的必经阶段。

第二节　大学生心理健康教育方式的发展

一、大学生心理咨询的发展

（一）心理咨询是大学生心理健康教育的重要内容和途径

心理咨询是指咨询者运用心理咨询的相关理论与方法，通过特定的人际关系，帮助来访者解决心理困扰，增进心理健康，提高适应能力，促进个性发展与潜能发挥的帮助活动。心理咨询包括个性化心理咨询与团体心理咨询，就当前我国大学生心理咨询实践而言，以个性化心理咨询为主要形式。个性化心理咨询的一个重要特征是一对一的咨询关系，前去咨询的主要是有一定的困扰和心理问题的大学生，相对于整体大学生的数量而言，他们是少数。这一特征就决定了大学生心理咨询帮助对象的有限性，不可能使所有人受益，而教育理应是面向全体和大多数的，所以心理咨询有必要发展为更大的范围，即走向心理健康教育。尽管国际上一般不提心理健康教育，或者说把大学生心理健康教育称为大学生心理咨询，但心理健康教育不等于心理咨询。虽然大学生心理健康教育从心理咨询发展而来，但心理健康教育的内涵要比心理咨询丰富得多。在学校生活中，心理健康教育除了要面向部分出现心理困扰、心理问题的学生，还要面向全体大学生；不仅要有特定的心理咨询工作，而且还包括大量的课程教育、课外活动，甚至还要担负起向全社会宣传心理健康教育以及指导家庭、社区开展心理健康教育的任务。因此，大学生心理咨询应该定位于大学生心理健康教育体系中必不可少的重要内容和主要途径，非大学生心理健康教育的全部。

（二）大学生心理咨询的发展性价值取向

从心理咨询的价值取向来看，主要包括障碍性心理咨询和发展性心理咨询两种价值取向。前者主要是为各种有障碍性心理问题的人提供援助、支持、矫正和治疗，其更符合心理治疗的范畴；后者旨在根据大学生的身心发展特点，帮助大学生妥善解决心理矛盾，更好地认识自己和社会，开发潜能，促进个性的全面发展和人格完善。根据我国高校的育人特点和主要目的，我们提倡在大学生心理咨询工作中坚持发展性价值取向。

心理咨询的对象不是全体学生，而是带有一定"心理问题"的来访大学生，由此，心理咨询主要是以"心理问题"的消除和防治为主旨的障碍性心理咨询。在此，有必要对"心理问题"做简要的分析："心理问题"有广义与狭义之分；广义的"心理问题"既包括心理疾病、心理障碍，又包括学习、生活、社交中产生的心理困惑与苦闷，是把心理问题泛化；狭义的"心理问题"是指心理障碍、心理疾病。部分文章为了强调心理健康教育的重要性，人为地夸大学生"心理问题"的严重程度，动辄冠之以"心理障碍""心理疾病""心理异常"等名称，将狭义的"心理问题"等同广义的"心理问题"，将"一般性的心理问题"与严重的心理问题混淆，对此必须有清醒的认识。事实上，真正有严重心理障碍的学生毕竟是少数，更多的大学生面临的是成长与成才、情感与事业，及其日常生活事件处理等成长性心理问题，这些问题并不是构成心理疾病的主要方面，但却直接影响着学生的心理健康与发展成长。因此，许多带着"心理问题"前来求询的大学生并非"异常学生"，而是寻求发展性问题帮助、渴望自身成长与发展的大学生。

坚持大学生心理咨询的发展性价值取向，并非鼓励全体大学生有事没事都去咨询，并非意味着所有大学生都需要咨询，其意在坚持一种发展性的咨询理念。通过这种咨询理念的坚持和倡导，一是激发和培养大学生的求助意识，避免许多寻求自我发展的大学生因心理咨询的"障碍性"关注而对高校心理咨询机构望而却步；二是倡导咨询老师对求助学生及其问题以帮助发展为旨趣，并非以消除症状、矫正治疗为取向，避免咨询中出现一些错误倾向。心理不健康与有不健康的心理和行为表现不能等同，心理不健康是指一种持续的长时间不健康状态，一个人偶然出现的某种异常行为和情感体验却往往是正常的应激反应，说明这个人的心理反应是正常的。对于大学生这一群体来说，适度的应激状态是大学生应对应激事件的正常表现，如考前轻度的焦虑有利于大学生集中注意力，提高学习效率，这是一种特定情境下正常的应激反应，与那些焦虑性人格特质的人相比，在本质上是不同的；要避免将大学生成长问题理解为心理异常。成长问题是指在心理发展过程中必然会出现的、暂时的、具有一定年龄特征的异常现象，如青春期逆反现象。在咨询中，如果来访者的问题属于成长问题，则不要人为地严重化，将其划为异常之例。事实上，大学生来咨询的许多问题往往会随着大学生年级的提高、年龄的增长而逐渐化解。

倡导发展性心理咨询取向并非对障碍性心理咨询的忽略和否定，结合目前我国大学生心理咨询现状，障碍性心理咨询的技术水平还十分欠缺，亟待提高，对少数出现严重障碍性心理疾病的大学生应及时转至专业卫生机构以免延误。因此，我们提倡在有效提高高校心理咨询专业水平的基础上，坚持发展性咨询取向，将发展性心理咨询贯串于学生成长的始终。

（三）大学生心理咨询应坚持"价值参与"

在心理咨询领域中，"价值"问题是一个既敏感而又棘手的问题，存在着"价值中立"与"价值参与"两派纷争。"价值中立"是人本主义心理咨询理论的指导原则和核心思想，强调在心理咨询中咨询人员应超然于双方价值观念的冲突，一切以来访者的价值体系为中心，对来访者的价值观念要无条件接受，咨询人员不能以个人和社会的任何价值尺度对来访者经验做价值判断和影响。此原则一经提出即在心理咨询界产生很大的反响，并在我国广为传播。随着实践的深入，人们逐渐发现，在咨询中，价值问题是无法回避的，完全的"价值中立"是不切实际的，也是难以真正做到的。"价值参与"相对于"价值中立"而言，是指在咨询时咨询员将一定的价值观念渗透于咨询过程中，引导来访大学生树立积极的价值观念，进行合理的价值评判，以缓解内心冲突，做出合理选择和积极行为的过程。

大学生心理咨询如何进行"价值参与"？关于"价值参与"的实践探讨也有多种观点，如价值澄清、价值归因、价值评判、价值选择、价值认同、价值灌输等。大学生心理咨询中处理价值问题的关键不是对"价值中立"与"价值参与"的简单肯定或否定，在于对"价值参与"之"度"的把握。高校心理咨询中的"价值参与"应以价值尊重为前提，以价值澄清为基础，以价值引导为中心，避免两个极端。价值尊重是指咨询人员应理解和尊重来访者的价值观念，不排斥、不批评、不评价，并予以真切的理解，为来访者创设一个安全、轻松的人际氛围，让他自由地表达。当然，价值尊重并不等于顺从来访者不合理的价值观念和价值取向，理解是为了更好地"参与"，感同身受方能"助人自助"。价值澄清是在价值尊重的前提下，通过讨论、对比、实例等多种方式帮助来访者明确自己有什么样的价值观，自己真正向往什么样的价值取向，社会价值取向与自己所持价值取向是否存在矛盾，导致自己价值冲突的根源何在。价值澄清的本质就是协助来访者对自我内在冲突做理智的思考和客观的分析，为价值引导奠定基础。价值引导是"价值参与"的目的所在，即在价值尊重的前提下，在价值澄清的基础上，引导（而非替代）来访者进行适宜的价值选择。如前所述，我们应承认和尊重来访大学生的多元化价值取向，但这种承认和尊重不是放纵和无度，如果来访大学生所持价值取向的主流属于反社会或边缘性价值的时候，咨询人员有责任予以必要的价值引导和参与。在进行"价值参与"时要避免两个极端，即绝对价值中立和完全价值干预。完全否定大学生心理咨询中的价值参与、坚持绝对的价值中立不正确；但置来访大学生原有价值观于不顾，为来访者做出替代性价值选择也不足取，甚至会适得其反。实际上，"价值中立"原则为科学的"价值参与"提供了一个实践参考坐标，使得价值参与在实践中避免走向价值干预的极端，由此在灌输和中立之间实现动态的平衡和协调。

二、大学生心理健康教育课程的发展

（一）大学生心理健康教育课程的定位

结合当前我国大学生心理健康教育实施现状，通过课程形式对大学生进行心理健康教育是学校心理健康教育的主要渠道。课程教育既可以避免心理咨询帮助对象的局限，又可以缓解我国现有学校心理辅导人员的不足，同时解决心理讲座的不系统，更能从预防和发展的角度对多数大学生进行心理健康教育，提高其心理素质。

作为一门新兴课程，因研究的滞后及师资方面的原因，学校对心理健康课的课程定位比较模糊，出现一些偏差，主要表现在：学科化倾向，单纯地注重心理健康知识的传授；德育化倾向，模糊德育与心理健康教育的本质不同；娱乐化倾向，过度强调形式的活泼与多样。因此，对课程的适当定位将是心理健康教育课程保持长久生命活力，促进我国大学生心理健康教育顺利发展的必要条件。

心理健康教育课程内涵的界定，目前比较一致的看法：心理健康教育课程不是特指某一种课，它是一类课的总称，是为实现心理健康教育的目标而组织的各种教育活动及各种教育性经验的总称，包括心理健康教育学科课程、心理健康教育活动课程、心理健康教育隐性课程。在此，更倾向于对心理健康教育课程做狭义的理解，即面向全体大学生，根据学生身心发展特点，有计划、有组织地开展的以培养学生良好心理素质、促进学生身心全面发展为目的，以心理知识传授、心理品质培养为内容的专门课程，主要包括心理健康教育学科课程和心理健康教育活动课程，即心理健康教育显性课程。

任何一门课程因受专业限制，不可能面面俱到，只能完成自己的特定任务，心理健康教育课程也不例外。根据教育部《关于进一步加强和改进大学生心理健康教育的意见》，大学生心理健康教育的主要任务是帮助大学生树立正确的心理健康知识、介绍增进心理健康的途径、解析心理异常现象、传授心理调适的方法。结合高校心理健康教育课程的特质，可做如下理解。

1. 心理健康教育课程应重视心理健康意识的培养

教育部文件将心理健康意识放在首位，这一定位极其准确，对大学生个体来说，自觉完善心理健康不仅仅是大学阶段的任务，且是终身学习的任务。心理健康教育的知识是丰富而发展的，增进心理健康的途径方法也是多样而变化的，不可能完全通过课堂教育获得，只有当大学生真正具备了心理健康意识，才可能在今后的学习工作生活中不断丰富心理健康知识，自觉提升心理素质。

2. 心理健康教育课程不仅在于理论知识的传授

心理健康教育课程不是单纯的知识传授的学科课程，而是主要侧重于实际调适的综合应用课程。心理健康教育课程所承担的主要职责不是解决知与不知的矛盾，而是在一定"知"的基础上影响和干预学生的现实心理状态，使学生学会自我分析、自我调控，学会排除学习和生活中的实际问题，提高大学生整体心理健康水平。尽管心理健康教育课程内容不可避免地要涉及许多心理学及心理健康理论知识，并且只有在掌握一定"知"的前提下才能有更好的"行"，但心理健康教育课程的重点不在于理论知识的多少，而更在于知识应用的能力。若过于注重大学生对理论知识掌握的准确与详尽，则有可能丧失心理健康教育的本质所求，有可能使学生对心理学理论、心理健康水平的提高望而生畏并失去兴趣，而且学生在面临现实的心理问题时，依然会束手无策，不知所措。

3. 心理健康教育课程应立足于发展教育模式

心理健康教育课程面向的主体是健康的大学生，意在通过开课的形式普及心理健康知识、培养学生良好的心理品质、提高学生整体的心理健康水平，使之在各自现有的基础上均有所获益。由此可见，心理健康教育课程应立足于发展教育模式，矫治学生的各种异常心理和问题行为则主要由障碍性咨询和心理医院等来诊断和治疗。

4. 心理健康教育课程具有活动课程的性质

心理健康教育课程不仅具有学科课程的性质，其自身也具有活动课程的性质；它可以以学科课程的形式进行，也可以以活动课程的形式出现，但这两种形式不是截然分开的，而是相互补充、相互融合，甚至于同一课堂交织呈现，统一于心理健康教育课程总体目标与规划之中。

高校心理健康教育课程和其他课程一样是学校课程教育的有机组成部分，它和德育、智育、体育等课程相互联系、相互渗透，同时又有着自己的独立目标、内容和方法。

心理健康教育课程与其他课程密切联系。无论是学科课程形式还是活动课程形式，心理健康教育课程都可以说是一门跨学科的课程，其内容涉及心理学、教育学、社会学、生理学、伦理学等多个领域，是综合社会科学、自然科学以及技术科学等相关知识的一门综合性课程，在理论及实践层面与这些课程存在着相互渗透、相互促进、相互补充的密切联系。一方面，在这些学科课程内容中蕴含着丰富的心理健康教育资源。如社会心理学知识的学习，可以让学生了解社会对个体的影响、个体社会心理的养成、个体与群体的关系处理等，从而帮助大学生增强适应社会发展变化的能力；自然科学学科课程的学习需要人们观察力、记忆力、注意力、想象力、思维力等认知能力的参与，这些能力的参与与提高本身就是个体心理品质的培养与完善的过程。另一方面，各学科的有效开展和运行需要以大学生健康的心理素质为基础。如德、智、体、美的全面发展是大学生综合素质的内在规定，即大学生所应具备的思想政治素质、科学文化素质、身体素质、心理素质。其中心理素质是人才素质系统中的基础，同时又渗透在思想道德素质、科学文化素质、职业素质之中。心理素质是大学生思想政治素质形成的基础，是大学生科学文化素质形成的必备前提，也是大学生健康身体素质的重要保证。

（二）大学生心理健康教育课程目标定位与发展

心理健康教育课程目标是指一定时期内心理健康教育课程所要达到的预期结果。它是心理健康教育课程开展的出发点和归宿，规定着课程教学活动的方向，指导着课程教育的内容、方式、手段、评价的选择与运用。与其他传统课程相比，心理健康教育课程还处于起始阶段，并没有形成统一、系统的课程目标，存在许多分歧。如课程目标混乱，从高校间到高校内不同教师间等多个层面上均存在一些分歧；课程目标与心理健康教育目标界限不清、相互等同；课程目标缺乏可操作性，仍停留在一般目标的描述性层面等。课程教学是高校开展大学生心理健康教育的主要途径，课程目标的分歧与混乱对心理健康教育课程教学及其质量产生了不利的影响，进而影响到大学生心理健康教育工作整体水平的提高，因此，对高校心理健康课程目标的定位及发展予以关注是大学生心理健康教育顺利发展的重要内容。

首先，心理健康教育课程目标与心理健康教育目标关系定位。心理健康教育课程目标与心理健康教育目标关系密切，却存在层次差异。心理健康教育目标是心理健康教育课程目标的上位概念，内涵较之后者更为丰富和宽泛，心理健康教育目标包含了心理健康教育课程目标；心理健康教育课程目标是心理健康教育目标在课程方面的具体表现，但它不能包括心理健康教育目标的所有内容。在实际运用时人们常常不自觉地将其混淆。

其次，心理健康教育课程目标体系的层次构建。课程目标的混乱及可操作性缺乏与课程目标体系的层次构建不足紧密相关。一般情况下，对心理健康教育课程目标的阐释主要表现为"提高心理健康水平、培养良好心理素质、开发心理潜能、增强心理健康意识、促进心理健康"等描述性概括层面，这些提法作为心理健康教育的一般目标或心理健康教育课程的总体目标无可厚非，但怎样予以理解，在实际教学中如何运用和展现，却缺乏足够的具体性、操作性和层次性。心理健康教育课程目标是一个总概念，包括心理健康教育学科课程目标和活动课程目标以及隐性课程目标。心理健康教育课程目标的实现依赖于各种具体形式的课程目标的实现，各种课程目标的实现有赖于各个教学单元目标的实现，各个教学单元目标的实现又有赖于各个具体课时目标的实现，由此可见心理健康教育课程目标必然具有自身的层次结构。

值得注意的是，在当前心理健康教育课程目标取向上存在侧重理论化和侧重技能化两种错误取向。侧重理论化即过分关注对大学生心理健康教育知识理论素养的提高，对其实际问题的调适和解决能力有所忽略；侧重技能化即过分强调心理健康教育课程教学的实践技能性目标，注重大学生应对当下各种心理问题的实践技能的提高，而对大学生的心理健康理论素养予以忽视。对于心理健康教育课程而言，直接把情感、意志、个性等当作教学目标，关注的焦点虽然不在于大学生理论知识的多少与正误，但知为行之先导，行为知之外现，心理健康教育课程教学不仅在于帮助大学生提高科学应对当前生活中可能遇到的各种心理冲突和心理问题的实际技能，而且还要使他们具备一定的关于身心发展及各种心理现象、心理问题的理论常识，服务于他们当前及未来的发展。因此，在心理健康教育课程目标价值取向上应建构理论与技能相结合的课程教学目标，而心理健康教育学科课程目标和活动课程目标其实就是理论与技能相结合的价值取向的具体展现。

（三）大学生心理健康教育课程内容及方法的选择与运用

课程内容是课程目标的具体化与载体，心理健康教育课程目标要通过选择相应的课程内容来予以实现。在课程史上，主要有三种方式作为选择课程内容的依据：一是以人为尺度，即以人的兴趣、需要和人的社会生活为依据选择课程内容；二是以社会为尺度，结合社会的实际需要来选择课程内容；三是通过人与社会两者的辩证统一来选择。

心理健康教育课程不同于其他专业课程，不是向学生传授具体的理论知识和专业技能，而是帮助学生树立积极的健康观念，调适现实生活中遇到的心理困惑和矛盾，帮助他们更加有效地学习、更加快乐地生活，直接触及学生的"心灵"，因此课程的内容一定要满足学生的兴趣和需要。一般来讲，学生心理健康发展的需要包括两个层次：一是发展性需要，即处在某一年龄阶段的大学生普遍存在的心理和行为发展上的需要；二是适应性需要，即大学生寻求对社会发展、人际关系、学习环境、生活变化的适应需求，以及由于特定环境或特殊事件的冲击和压力而产生的解除心理困境、度过心理危机的需要。大学生适应性需要往往具有鲜明的时代性和社会性，个人的发展离不开社会，人要生存就得适应社会。一方面，社会的发展给心理健康教育提出许多新的内容，现代社会的发展需要大学生培养和具备现代人格特征及心理品质；另一方面，当前大学生出现的许多心理困惑主要体现为社会适应的不足。因此，高校心理健康教育课程内容的选择在依据大学生兴趣需要的基础上，也应以社会的需要为依据。可见，心理健康教育课程是以直接满足学生维护和发展自身心理健康的需要、促进学生心理健康发展为目的，课程内容与学校其他课程内容表现出显著的区别，即其并非独立于学生生活之外的知识或理论体系，而是与学生学习生活、社会发展变化密切相关的各种理论知识、实践经验及生活事件，其在内容选择上既要贴近学生生活实际，根据学生生活和发展的逻辑选择和安排课程内容，又要以社会发展为尺度，坚持个人与社会的辩证统一。

高校心理健康教育课程教学方法的运用存在多种选择。其中，案例教学法比较受推崇。它既符合大学生具备一定知识层次、文化内涵、思维能力的理论素养和追求自主与个性的年龄特征，又符合高校心理健康教育课程追求大学生理论知识与实际技能并重的本质特性。

案例教学法起源于19世纪20年代，由美国哈佛商学院倡导，其采取一种很独特的案例形式的教学，这些案例都是来自商业管理的真实情境或事件，通过此种方式，培养和发展学生主动参与课堂讨论，实施之后颇具成效。

案例教学方法中有一个基本的假设前提，即学员能够通过对这些过程的研究与发现进行学习，在必要的时候回忆起并应用这些知识与技能。案例教学法非常适合于开发分析、综合及评估能力等高级智力技能。这些技能通常是管理者、医生和其他专业人员所必需的，案例还可使受训者在个人对情况进行分析的基础上，提高承担具有不确定结果风险的能力。为使案例教学更有效，学习环境必须能为受训者提供案例准备及讨论案例分析结果的机会，必须安排受训者面对面地讨论或通过电子通信设施进行沟通。但是，学习者必须愿意并且能够分析案例，然后进行沟通并坚持自己的立场。这是由于受训者的参与度对案例分析的有效性具有至关重要的影响。

案例教学法是以学生对案例的分析讨论为中心的教学方法，其目的不在于单纯地寻找问题的答案，而在于寻找答案的思考过程。案例教学在高校心理健康教育课程教学中的应用充分体现了心理健康教育课程的本质特性。

首先，案例教学体现了心理健康教育课程教学过程的开放性。教学过程的开放性体现在教师和学生双边交流活动之中。教师是开放教学过程中的活跃者，一方面，心理健康教育课程知识内容的选择从来就不是一成不变的，而是随着时代的发展而不断变的，不同案例的知识承载着特定的时代性问题；另一方面，在案例教学的师生互动中，学生处于活跃的动态过程中，凭借自己的个性、视野去衡量理解体验中的现实问题，可以在接受知识的同时审视和评判、应用、转化已有的知识和结论。这样，案例教学为心理健康教育课堂创造了一个高度自由开放的思维空间和实践空间，在这种相对开放的空间中，学生通过自己富有个性特征的审视批判去理解和吸收知识，并创造性地把知识转变为自己的智慧和能力。

其次，案例教学体现了心理健康教育课程教学活动中的参与性。心理健康教育教学过程的参与性主要是指在教师的引导下，学生积极参与到教学过程中，并在参与的过程中促进理论知识的提升、自我调适能力的增强、心理机能的提高等自我教育过程的实现。而案例教学模式的本质特征就是以学生为中心，以学生参与为形式，以周密的课堂教学设计为条件，以探究问题为手段，以思维训练为核心，以训练学生发现问题、思考问题、解决问题的能力为目的，以培养学生创新素质、创新精神和创新能力为基本价值取向。因此，案例教学是心理健康教育课程参与性特性的具体展现。

再次，案例教学蕴含着心理健康教育课程教学的体验性。心理健康教育课程应是一门体验性的生活课程，以学生为主体，以学科知识为基础，以精神感受为驱动，注重学生在教学过程中联系生活实际的心理感受、情感体验等心路历程，在大学生的课程体验中达到课程目标的实现。案例教学则为学生提供了现实体验的模拟空间。典型案例往往取材于大学生学习生活的实际，由一个或几个问题组成，代表着某一类问题或现象的本质特征，大学生在对案例的解读和理解中很容易产生熟悉和亲近的感觉，由此自觉进行案例提供的模拟现场体验，并在体验和总结中获取相关问题的感性知识、直接知识和实践知识。其实，个体心理品质的形成并非靠单纯的知识传授，也不靠简单地接受学习，它还是个体经历生活经验逐步积累、建构的过程，而案例教学则通过适当的案例展现赋予大学生对多种生活事件的经验和感悟。

最后，案例教学实现了心理健康教育教学活动中师生的主动性。心理健康教育过程实际上是师生互动的一种交往过程，必须摒弃传统教学模式中"我讲你听，我写你记，我说你做"这种管制与被管制的师生交往状态，充分调动师生双方的主动性，在和谐平等积极主动的教学氛围中实现教学相长。主动性是学生受教育过程中十分重要的意识和行为，是学生在学习过程中表现出来的对学习的热情、兴趣和积极性。教师的主动性体现在如何灵活、主动地处理好课堂教学，不固定于教材与教法的限制。在案例教学中，典型案例的选取与设计、案例分析的设置、学生讨论分析的组织、实例与理论的融合、案例启示性总结等都是教师主动性教学的展示。大学生往往对发生在自己身边的事情十分关心，因此一些贴近学生学习生活实际的典型案例的课堂运用，将引起学生心灵的共鸣，并能极大地调动学生的兴趣与主动性，学生在融入问题、思考问题、提出问题、讨论问题和解决问题的过程中，由被动接受知识变为接受知识与运用知识、更新知识与探索知识并举，从而使学生对知识的广度和深度有新的开拓，并在案例思考和分析中进行一系列积极的创造性思维活动，主动性得以激发和彰显。

对案例教学的推崇并不代表对学科理论知识传授的否定。案例教学法不能替代系统的理论学习和讲授，若要使案例教学充分发挥其功能，还需要足够的理论知识来支撑，在课时安排上兼顾理论讲授与案例教学的相融。其实，良好的案例教学本身就是心理健康教育学科课程理论知识传授与活动课程情感体验的融会与贯通。

三、大学生心理健康教育方式的发展分析

（一）开设心理健康教育课

高校开设心理健康教育课，充分发挥了课堂教学在大学生心理健康教育中的重要作用。开设与大学生心理健康教育有关的宣传普及和心理科学的基础知识课程，并列为学生选修课；周期性举办各种形式的心理专题讲座和报告会，使大学生系统地了解自身心理发展的变化规律，了解心理卫生的一般知识及保持心理健康、提高心理素质的途径和方法；在思想道德修养课中，将有关心理健康教育的内容安排进去。

（二）建立学生心理档案

有的高校对刚入学的新生进行心理健康状况的普查，采集的数据信息经整合和统计后再建立特殊学生群体的心理档案库，有的放矢地对心理问题较严重的学生进行跟踪、咨询、治疗。有助于高校的教育管理者及早地干预，从而避免了一些惨剧和极端事件的发生。

（三）建立心理健康专栏

有的高校充分利用学校广播、计算机网络、校刊校报、橱窗等开设心理健康专栏或专题节目。可利用这些传播媒介，向广大同学宣传心理卫生知识，或是选择一些典型的心理问题在报刊、广播或橱窗中讨论或请专家给予答复；利用网络，还可以开设心理健康交流的论坛，结合一些问题进行讨论、引导、答复，及时发现学生思想的发展动态。

（四）开展心理健康咨询

由学校专门的心理辅导或咨询机构进行。开展心理咨询，可以采用多种方式方法。对有心理问题需要帮助的学生，可以采用个别咨询、门诊咨询；对学校中存在一些共性问题的学生，可以开展团体咨询；针对部分不愿到心理咨询机构求助的学生，设立心理咨询信箱，进行书信咨询，也可以利用网络，开展网络咨

询；另外，心理咨询机构还可在一定时期，深入学生，开展现场咨询，如在新生进校、重要考试之前等。

（五）加强教职员工心理健康知识的培训

心理健康教育工作是学校德育工作的重要组成部分，需要全体教职工参与，并以此保持心理健康教育的一致性、渗透性和连续性。学校除了积极开展对从事大学生心理健康教育工作专、兼职教师的培训，通过培训不断提高他们从事心理健康教育工作所必备的理论水平、专业知识和技能，作为学校心理健康教育工作的骨干外，还要重视对教师、班主任、辅导员以及其他从事学生思想政治工作的干部、教师进行有关心理健康方面的业务培训。

（六）开展心理健康教育活动

心理来源于实践，实践也将促进心理的发展。对学生有针对性地开展各种心理健康教育活动，可以让他们在实践中调整自己的心理行为，达到促进心理健康，提高心理素质的目的。多开展社会实践与调查、学术交流、科技服务、电影展播、心理沙龙、实践训练、心理游戏等，不仅能使大学生在"玩"的过程中增长才智、发挥特长，还可以激发参与意识和兴趣、缓解紧张情绪、调整心态，使之更快乐、健康地成长与成才。

四、运用新媒介开展大学生心理健康教育

大学生的心理问题与新媒体的发展有非常重要的联系。因此，在开展大学生心理健康教育工作时，要积极地结合新媒体技术，全面促进大学生心理健康教育工作的开展。

（一）运用新媒体思维，设计心理工作平台

之前的大学生健康教育工作只是局限于课堂以及心理咨询室之间，由于时间和空间的限制，阻碍了心理健康教育的有效性。但是随着新媒体时代的发展，大学生的生活、娱乐以及学习大多依赖网络，因此在心理健康教育工作开展的过程中也要积极利用新媒体技术，开拓新的网络工作平台。在新的大学生心理健康教

育工作中，首先，可以利用网络，推广心理健康教育知识。教师通过新媒体等网络平台，例如网站、微博、微信等，与学生互动，加强师生联系，在和谐的氛围中使学生更好地接受心理健康知识。其次，高校心理咨询教师也可通过校园论坛、贴吧等形式加强与学生的互动，主动与学生交流，谈论一些大学生存在的共性问题，为大学生解答思想、精神上的困惑。同时也可以通过 QQ、微信等交友软件，为学生提供一对一的咨询服务，在保护学生隐私的情况下，使学生畅所欲言。最后，高校心理健康教师也可创建一些网络体验游戏，在体验游戏中，学生的压力得以舒缓，学生心理疾病的隐患得以消除。

（二）发挥新媒体优势，把握网络舆论导向

完善网络舆论引导监督机制，通过订立制度、配备人员加强校园网络监督管理，把握大学生的思想动态和心理健康状况，对大学生存在的心理健康问题做到及时发现，从而有针对性地开展分析、引导和教育工作。重点把握以下两点：第一，强化舆论引导，加强对大学生的思想引领，帮助大学生树立正确的世界观、人生观和价值观；第二，加强治理管控，网络的开放性和虚拟性，为虚假和不良信息的肆意传播提供了条件，为了保持网络环境的洁净，必须设立网络监督巡查制度，及时、有效地控制不良信息的传播，以免误导大学生，使大学生保持正确的舆论认知。

（三）引入新媒体技术，创新课堂教学模式

在新媒体环境下，大学心理健康教育课程可积极地进行变革，利用"网络慕课"的形式开展有针对性、专门性的教学。例如开展针对人际交往、学习压力、求职、感情等方面的课程，通过简洁的慕课形式，向大学生传授心理健康知识，提升大学生心理调节能力。这种简单、短小的慕课教学形式，有利于提高学生学习的积极性，使大学生更加易于接受，从另一层面上讲也提高了教学效率。同时，心理辅导老师也可以开通微博，通过网络平台，加强学生与辅导老师之间的交流，及时解决学生的心理问题。

（四）提升新媒体应用能力，加强队伍建设

信息技术的不断发展，网络技术的大力普及，对大学生心理健康教育队伍提

出了更高的要求，以适应新媒体时代的发展。各大高校的心理健康教育队伍即心理医生、心理辅导员、朋辈辅导者等，不仅需要拥有专业的心理知识，还需要具备熟练应用新媒体的能力。高校还可以组织专门的培训，提高心理健康教育工作者的综合素质，使工作者能够熟练地应用新媒体平台，例如交友软件、微博、微信等开展心理健康工作，通过新媒体平台，传播心理健康教育工作内容，实现线上与线下的相互配合，实现对大学生的全面辅导，切实提高健康教育工作效率。大学生健康教育工作的开展，离不开高素质健康教育工作队伍的扶持，在新媒体的发展背景下，务必保证专业技术和信息技术的结合。

第三节　大学生心理健康教育的发展趋势

一、大学生心理健康教育内涵的综合性发展

大学生心理健康教育内涵的综合性发展主要体现在教育目标的完善、教育内容的丰富及教育功能的拓展等方面。

（一）教育目标的综合完善

大学生心理健康教育是一项有组织、有目的、有计划的教育活动，其教育目标的结合与完善是开展该项工作的基本前提，直接关系到心理健康教育的内容选择、方法取舍、评估指标及教育成效，在整个心理健康教育体系中居于核心地位。

大学生心理健康教育目标构建受多种因素影响和制约，既要符合素质教育总目标的指向与要求，又要体现大学生心理健康教育的特定价值与关怀；既要从学生心理素质结构一般特征出发，符合其心理素质发展的整体要求，还要从学生个体的差异性及现代心理健康标准着眼，体现出心理健康教育的层次性和针对性。由此，大学生心理健康教育目标应是一个既能反映社会、时代的客观要求，又能满足学生个体现实需要及成长发展，具有一定层次性的综合体系。

从层次性来看，大学生心理健康教育既具有教育发展的总目标，又具有在总

目标指引与统合下的具体目标。大学生心理健康教育的总目标既能反映国家和社会的总体要求，又能体现大学生心理健康教育培养目标的具体内容。总体来讲，大学生心理健康教育的总目标即通过心理健康教育，引导大学生树立正确的心理健康意识，预防、缓解和消除多种心理问题，培养良好心理品质，增强心理调节能力，提高心理健康水平，充分实现心理潜能，促进大学生思想道德素质、科学文化素质和身心健康素质协调发展。而具体目标是总目标的细化与具体展现。大学生心理健康教育的具体目标是多种多样的，类似如何克服人格障碍、解决失眠困难、改变不良习惯、调节人际关系、增强适应能力、走出恋爱误区、实现自我发展等。在教育总目标的指引下，根据教育对象的差异及所要解决问题的性质，大学生心理健康教育具体目标又可分为不同的层次目标。

第一，心理健康教育的初级目标，即防治心理问题，增进心理健康。其具体包括两方面内容：一方面，帮助大学生缓解、消除在学习、生活及成长中产生的心理困惑和心理矛盾，对少数出现障碍性心理问题的学生做到早发现、早诊断、早干预；另一方面，通过开展心理健康教育活动，提高大学生心理健康水平，使大学生掌握有关预防、识别、调节心理健康问题的基本知识与方法，学会自我心理保健。

第二，心理健康教育的中级目标，即优化心理品质，学会积极适应。积极适应，即学生能够合理地应对学习、生活、交往和社会发展中的各种变化，能够表现出与学习、生活、交往活动的变化及社会发展转型要求一致的心理和行为，从而使大学生能够学会学习、学会交往、学会生活、学会做人，成为适应良好、心理健康的人。

第三，心理健康教育的高级目标，即开发心理潜能，促进自我实现。作为现代高等教育重要组成部分的高校心理健康教育，其目的不仅在于对心理问题的预防和消解，更在于对大学生心理素质的提升、心理潜能的开发及自我价值的实现的促进。

无论是过去还是当前，在我国大学生心理健康教育领域更多强调的是矫治性目标，即为出现各种障碍性心理问题及学习适应困难的大学生提供心理援助、支持、矫正与治疗。这一取向使大学生心理健康教育只注重为少数出现心理问题的大学生提供服务，其目标层次仅限于大学生心理健康教育初级目标领域，而忽略了绝大多数大学生所需求的优化心理素质、促进自我实现等更高层次的目标追求。低层次目标领域的徘徊也是我国大学生心理健康教育发展停留于数量与形式上的繁荣，而很难在教育质量与水平上有所突破的重要原因。随着我国大学生心理健康教育事业的不断发展与成熟，随着人们对大学生心理健康教育本质追求的醒悟与理解，心理健康教育目标无论在理论还是实践层面都必将突破单一、片面的价值取向，而实现各层次目标相互联系、相互制约，各阶段目标互有侧重、相互融合的综合发展取向。

（二）教育内容的丰富多样

大学生心理健康教育内容的确定既是主观的也是客观的，一方面，大学生心理健康教育的目标、对象、任务决定了其教育内容的客观性；另一方面，因人们对心理咨询及大学生心理健康教育认识的主观差异也决定了其内容选择的主观性。因此，大学生心理健康教育内容的划分有多种形式和方法，从横向看，主要包括人生观与心理健康、学习与心理健康、自我意识与心理健康、情绪与心理健康、人际交往与心理健康、恋爱及性心理与心理健康、挫折与心理健康、个性与心理健康、创造力与心理健康、求职择业与心理健康、心理测验与评估、心理咨询与心理治疗等。而纵向划分主要依照心理健康状况的表现程度概括为三个层次：一是心理疾病咨询内容，即帮助有心理障碍、心理疾病的来询者挖掘病源、指导对策、消除危机、解除忧虑；二是情绪适应咨询内容，即为来询者由于学习、工作、人际关系、性爱、个性、情绪等方面的适应不良而出现的烦恼、忧虑、困惑等提供帮助；三是心理发展咨询内容，即帮助来询者增强自我认识能力、社会适应能力和发展能力，提高心理素质，挖掘自身潜力。

由此可见，大学生心理健康教育内容既包括对心理健康教育基本知识的介绍和普及，也包括对心理调适方法的传授与应用；既包括对心理异常现象的解析与预防，也包括对智力潜能的培养与开发；既包括对大学生学习生活、适应发展诸方面的关注与指导，也包括对多种心理行为问题的缓解、预防与矫治；既包括以障碍性心理问题解除为主要取向的教育内容，也包括以促进大学生心理素质优化、心理潜能开发为主要取向的发展性教育内容。就目前我国大学生心理健康教育内容展现而言，更多的是倾向于心理学基础知识理论的介绍与传授、心理测验的引入与应用、心理问题的消解与关注，而对大学生心理品质的培养、良好习惯的养成、自我应对与调节的引导、心理潜能的开发等成长发展性教育内容有所忽略，导致教育内容选择取向的偏颇与不足。完善的教育内容是心理健康教育成效得以实现的有效载体，随着人们对大学生心理健康教育内容本质的认识与把握，教育内容取向必将呈现知识传授与品质修养、问题解决与发展促进相互融合并有所侧重地结合完善的发展趋势。

（三）教育功能的拓展

心理健康教育功能是大学生心理健康教育本质的外在集中显露，对心理健康教育功能的认识和体悟有利于全面深刻地把握其本质与内涵。

依据大学生心理健康教育的目标与内容，其功能一般可分为三个层次：初级功能是防治不同程度心理问题的产生与发展；中级功能是增强心理适应、优化心理品质；高级功能是开发心理潜能、促进自我实现。这三级功能的不同体现分别代表了大学生心理健康教育三种不同的教育取向，即问题解决型教育取向、生活适应型教育取向和发展促进型教育取向。这三种教育取向又显示出大学生心理健康教育队伍中不同成员对大学生心理咨询及心理健康教育的不同理解与价值认可。有关大学生心理健康教育功能的认识存在诸多不同的观点：一是促进和维护大学生的心理健康；二是开发智力促进能力发展；三是提高德行修养，培养良好品德；四是培养主体性，形成完善人格；五是养成良好行为习惯，提高社会适应能力。那么无论是一般分层还是具体阐发，对大学生心理健康教育功能的认识都倾向于对"个体性功能"的理解与把握，对大学生心理健康教育的社会性功能有所淡化或轻视。

心理健康教育的对象是人，心理健康教育的目的是解决人们的心理问题，促进心理品质的优化提升、心理潜能的开发释放、综合素质的发展与完善。因此，心理健康教育把个体性功能放在十分显要的位置。如心理咨询一向强调是为来访者个体服务，对来访者负责、为来访者保密、以来访者利益为重是国内外学者所遵从的咨询原则之一。而心理咨询、心理健康教育之所以受到人们的普遍欢迎与重视也与其对个体性功能的关注密切相关。然而，强调心理健康教育的个体性功能并非意味着心理健康教育没有社会性功能或者可以无视其社会性功能，在心理健康教育个体性功能的背后隐藏着重要的社会性功能。事实上，正是在促进个人心理健康、人格发展、潜能开发的这一过程中，促进了个人生产（学习）积极性的提高、人际关系的和谐、道德品质的完善、价值观念的提升，从而创造了良好的社会心理氛围，维护了社会的稳定与和谐，并最终促进了社会的文明和进步。把"注重促进人的心理和谐，加强人文关怀和心理疏导，引导人们正确对待自己、他人和社会，正确对待困难、挫折和荣誉。加强心理健康教育和保健，健全心理咨询网络，塑造自尊自信、理性平和、积极向上的社会心态"提到"建设和谐文化，巩固社会和谐的思想道德基础"的高度来理解，正是心理健康教育社会性功能的生动体现。心理和谐是社会和谐的心理基础和重要组成部分，心理健康教育也是构建社会主义和谐社会，促进我国现代化发展的重要内容和力量之一。

二、大学生心理健康教育运行的综合化发展

大学生心理素质的优化和发展是一个涉及学校、家庭、社会等多重因素的系统工程，仅靠高校心理健康教育自身的力量是不够的，心理健康教育的运行和发展将形成科学的综合化取向。

（一）教育体系网络化

随着人们生活质量的提高和教育发展的深入，心理健康教育不仅是一套教育方法技术的选择和运用，更是一种先进教育观念的展现与张扬。随着这种观念的不断更新和深入人心，心理健康教育将渗透于学校教育工作中的教育观、学生观、人才观、服务观和管理观念等方方面面，成为每一位大学生追求身心和谐、健康发展的内在需要，成为学校整体工作的有机组成部分，并与学校各级管理和服务部门一起构成大学生心理健康保护网络，共同促进大学生心理健康发展和高校心理健康教育的有效运行。在我国高校心理健康教育实践领域逐渐形成了"校－系-班"三级心理健康教育网络体系：以学校分管思想政治教育工作的校领导为指导，以心理咨询机构为核心的校级心理健康教育网络；以各院系主管学生工作的领导和辅导员组成的系级心理健康教育网络；班级心理健康教育网络由经过选拔和定期培训的学生志愿者组成。

在三级心理健康教育网络体系中，以校级网络为中心，组织协调校、院、系各级心理健康教育工作的开展与整合；以系级网络为重点，积极配合学校心理健康教育工作的开展，并为学生诸多现实问题的解决提供及时、必要的帮助；以学生为主体的班级教育网络成员，既可归属于大学生心理协会，直接与学校心理咨询机构建立联系，也可以有计划地安排在各个班级和寝室，与系级教育网络直接联系。在与同学朝夕相处的生活中，给予那些心理需要关怀的同学以支持，注意营造和谐的班级、寝室环境，有意识地调节同学交往关系，把自己和身边同学遇到的心理问题或异常表现及时地反映给系级网络或校级咨询机构，使教育人员能迅速、准确地把握学生的心理动态，及时发现问题，有针对性地开展教育工作。在这个三级网络体系中，校级网络的专业水准和整体规划，以及班、系教育网络中辅导员与学生志愿者的有效培训是三级网络体系实现有效运转的难点与中心。

就当前我国大学生心理健康教育实际状况而言，三级网络体系大多还限于理论层面的完善与构想，作为一种综合化发展的教育理念与趋势，将是我国大学生心理健康教育实现综合化发展的选择与取向。学校辅导是学校教育一盘棋中的一部分，并非学校教育的全部。在设计学校辅导模式时应从学校教育的整体出发，注意与其他部门和员工的联系与合作，避免白白丧失众多辅导资源；应该有意识地探索一种综合性的学校辅导模式，即把学校各种辅导资源充分调动起来，形成整体性的辅导氛围或环境，使学生在这样一种具有辅导精神的环境中成长和发展。

大学生心理健康教育是由学校、家庭、社会多方教育资源及大学生自我教育力量共同构成的教育体系。在这个综合化的教育体系中，尽管学校心理健康教育是促进大学生心理素质优化完善的主导因素，但家庭与社会在大学生心理健康发展过程中有着不可低估的重要作用。校园是大学生学习和生活的主要场所，但校园不是封闭的，大学生心理健康问题的产生和发展与他们的家庭和社会背景有着密切的关系。对于个体成长发展而言，家庭教育不仅是一种启蒙教育，更是一种终身教育，家庭影响不仅可以使大学生坚强、努力、乐观、自信，也可以给他们带来压力、负担、情绪的波动和个性的不足。大学生许多心理问题的形成往往有其家庭方面的原因，甚至可追溯到童年时期的经历，而这些问题的最终解决还必须依靠学生家庭的支持与配合。

从社会影响因素来说，一方面，学生心理问题的产生与社会环境因素的影响直接相关。当前我国正处于改革开放和社会主义市场经济快速发展的转型时期，人们的思想意识、道德观念及生活方式等发生了深刻的变化，大学生普遍面临着学业压力、就业压力、经济压力和社会适应的压力，一些大学生还不同程度地面临着价值迷茫、信念模糊、信仰缺失、心理失衡、身心疲惫等不良心境。另一方面，大学生心理压力的缓解与减负必须得到国家与社会的帮助和参与，如就业机会的公平与增加、助学贷款的效应与保障、社会公正的提升与彰显等。同时，大学生心理健康教育工作还要与专业机构建立密切的合作关系。虽然大学生心理健康教育正在向专业化发展，但专业化进程的成熟与完善还有待时日，一些障碍性心理问题的矫正与治疗并非仅仅通过言谈就能完全康复，而配合一定医疗手段如药物辅助则效果显著，如抑郁症、焦虑症往往需要借助药物予以控制。即使大学生心理健康教育以发展性教育内容为主体，但对于障碍性咨询和教育内容也不容漠视或忽略。在一定条件下，因障碍性心理问题而导致的恶性事件所产生的负面影响对大学生心理健康教育产生强烈的冲击。就目前我国大学生心理健康教育整体水平而言，解决此类问题还有一定的难度，需要与一定的专业机构建立长期联系，及时将部分出现严重障碍性心理问题的大学生介绍到专业机构接受专业治疗与帮助。与此同时，一些大学生出现心理问题的根源在于由身体健康问题所引起的情绪波动与心理压力，需要与医疗部门联系从医治身体疾病、恢复身体健康着手。因此，心理健康教育机构与专业医疗机构的不断合作也是大学生心理健康教育工作的必然发展趋势。

（二）教育参与全员化

教育参与全员化是大学生心理健康教育体系网络化发展的必然趋势。在教育部《关于进一步加强和改进大学生心理健康教育的意见》中，除强调"建设一支以专职教师为骨干，专兼结合、专业互补、相对稳定、素质较高的大学生心理健康教育和心理咨询工作队伍"外，还明确指出，高校所有教职员工都负有教育引导大学生健康成长的责任。要根据学生思想动态和心理状况，在教学、管理和服务中，有意识、有针对性地做好教育引导工作。因此，以主管校领导为支持，以专兼职心理健康教育专业队伍为核心，以各系学生工作者为桥梁，以广大教职员工的积极参与为辅助，以大学生群体为主体的全员化教育参与发展取向也是我国大学生心理健康教育综合化发展的重要方面。

在教育参与全员化的综合发展中，主管校领导的重视和支持非常重要。首先，纲举才能目张，大学生心理健康教育涉及心理咨询机构的建设和完善，教育经费的下拨与到位，专业队伍的培训与健全，各级职能部门的合作与协调，学生心理健康信息的收集与反馈等，这些都必须有一位主管领导全面考虑和专职负责，把相关的任务落到实处，既对学校负责，也对全体学生负责。其次，充分发挥心理健康教育专兼职队伍的专业指导与业务规划职能。以心理咨询为重要工作内容的心理健康教育是一项专业色彩浓厚的工作，没有心理健康教育专业人员的技术支持与指导，难以取得应有成效和实现专业化发展。最后，还应重视各系辅导员、班主任等学生工作者的教育参与。由于各系辅导员、班主任长期工作在学生工作的第一线，与大学生有紧密联系，比较熟悉大学生的生活和心理行为特点，能够及时、准确地发现大学生存在的问题，把握其心理发展的动向。同时，他们一般又有着较强的责任心和工作热情，有着与学生交流的工作经验。因此，在一定专业培训的基础上能够很好地发挥承上启下的教育桥梁作用。

对此，教育部在《关于进一步加强和改进大学生心理健康教育的意见》中也有明示：要重视大学生思想政治教育工作人员，特别是辅导员和班主任在大学生心理健康教育中的重要作用，加强培训，使他们了解和掌握心理健康教育的基本知识和方法，帮助大学生处理好在学习成才、择业交友、健康生活等方面遇到的具体问题，提高思想政治教育的针对性和实效性。此外，广大教职员工的教育辅助作用也不容忽视，由此可见，不是要求他们在专业技能或专门化心理健康教育工作方面介入，而是强调在日常教学、服务、管理工作中具有心理健康教育的意识和观念，并通过各方面的工作对大学生心理健康和发展产生积极的影响。如前所述，在学科教学中实现心理健康教育的渗透与融合是我国大学生心理健康教育的重要方式之一。再如校园环境的创建与改善、宿舍管理的规范与灵活、公寓管理人员的态度与方式等与大学生日常生活息息相关，并对大学生日常心理、情绪状态及人格发展有着潜移默化的影响。对大学生来讲，一方面，学生是自己心理素质形成发展的主体，各种教育力量和影响源必须通过大学生自身积极性、能动性的发挥才能内化为学生自身的心理品质，助其自助是高校大学生心理健康教育的重要指向；另一方面，许多大学生也通过互相关心帮助、情绪感染、主动调节、群体影响、及时发现问题并与相关老师联系反馈等多种方式积极参与到心理健康教育工作中，成为大学生心理健康教育的重要力量。

（三）教育阶段全程化

在大学生活的各个阶段，大学生面临着不同的心理问题，存在着不同的心理需要和心理发展任务。大学生的心理健康不存在性别差异，但年级差异显著，大一学生在焦虑、人际敏感、抑郁、敌对、恐惧、偏执等方面的心理健康水平显著低于其他年级学生，大三学生心理健康水平也较差，这反映了大一学生存在适应不良的现象，而大三学生面临学习、升学与就业的诸多压力。因此，在大学生心理健康教育运行的整个过程中，需要有针对性地对各年级大学生开展不同内容的心理健康教育，既存在着与大学生活各年级发展相协调的阶段性目标，也存在着与这些目标相对应的阶段性教育内容，这些序列有致的阶段性目标和各有侧重的教育内容内在地要求和体现大学生心理健康教育全程化发展趋势。

结合大学生心理发展，不同年级大学生所面临的心理发展问题具有显著的差异，呈现出一定的规律性：处在转变期的大一新生，面临的重要发展任务是适应问题，如何适应新的学习、交往和生活环境。因此，对大一学生开展心理健康教育活动的重点是通过入学心理适应教育，使大学新生更好地认识自我、悦纳自我，认识环境、适应环境，了解专业、热爱专业，认识同学、交好他人。处于二年级、三年级的大学生，面临的主要发展任务是学习求知、人际交往、目标定位、人格完善等成长发展性心理问题，此阶段的教育活动侧重于通过心理健康教育使其形成恰当的成就动机，具备人际交往的基本观念与技能，确立健康的情爱观，初步明确价值追求，不断发展健全人格，实现与周围环境及社会发展的良好适应，促进自身的成长与发展。处于毕业阶段的大学生，面临的主要问题是求职择业与走向社会，此阶段的教育重点是帮助他们确立适当的就业期望，进行正确的职业定位，提高挫折应对与承受能力，增强竞争意识和社会责任感，在知识、体格、人格能力方面为进入社会做准备。在大学生活的不同阶段，大学生所面临的同一个发展课题又有不同的发展内涵。以人际交往为例，依据大学生活发展的阶段性特点将其界定为大学二年级、三年级心理发展的重要内容，各年级教育内容并非静止地孤立，而是在差异中具有内在的相通。

　　大学一年级人际交往的辅导内容主要是对大学新环境中人际关系的适应，根据交往对象的变化调整自己已有的交往观念和交往方式，掌握与人交往的原则与技巧，克服人际交往的偏见；大学二年级人际交往的辅导内容主要侧重于小群体交往指导，如宿舍人际交往中宽容大度、求同存异、真诚关爱的交往观念，注重培养大学生与人沟通的技巧；大学三年级人际交往的辅导内容主要是克服交往障碍，学会自我调控，培养群体精神和合作精神，了解交往策略；大学四年级人际交往的辅导内容主要有人际角色训练，学会识别自己和他人的人际角色，学会扮演自己的人际角色，学会建立自己的人际网络，学会增强自己的人际交往能力和魅力。因此，大学生心理健康教育要兼顾各阶段大学生不同的心理行为特点与发展课题，要体现不同年级大学生发展任务的不同侧重，就必须从整体出发，在教育过程中体现出教育活动的阶段性和各年级差异性，实现心理健康教育运行的全程化发展趋势。

第三章　大学生心理素质教育模式建构

第一节　大学生心理素质教育模式概述

一、大学生心理素质教育的内涵

（一）心理素质的概念及功能

1. 素质的概念和结构

要对心理素质的本质进行解读，首先就要对素质进行理解。"素质"一词有多种解释，研究者从哲学、社会学、语义学、心理学、教育学和人类学等不同学科进行研究，得出了不同的概念解释。虽然学者从不同的学科角度出发，对素质做出了不同的解释和定义，但是随着学术界对素质研究的不断深入，关于素质概念的分歧在不断缩小，共识在不断扩大。目前学术界对于素质概念的认同有以下几点趋向：首先，素质是人所特有的；其次，素质在人的各项品质中是最基本的，具有稳定性和内隐性；最后，素质的形成不是单一的先天遗传或者后天环境造成的，而是两者共同起作用的结果。由此可见，素质既是一个发生性的概念，也是一个发展性的概念，随着人类的发展和环境的变化不断发生着变化。

从结构上来看，心理素质是素质结构的组成部分，并且在素质结构中居于核心地位。素质的结构和功能密不可分。基于本书的探讨群体是大学生，因此从大学生这一群体出发，学术界对素质结构的分类是比较一致的，认为大学生的素质应该包括生理素质、科学文化素质和心理素质。在素质结构中，这三种素质的关系是紧密联系的。生理素质是素质结构中最基础性的素质，它是随着人类的产生而产生的，由遗传所决定；科学文化素质则是人类后天习得的，与教育紧密相关；心理素质则是先天和后天因素共同起作用的结果，在素质结构中居于核心地位，在生理素质和科学文化素质中起着中介作用。

2. 心理素质的概念和结构

（1）心理素质的概念

心理素质是以生理条件为基础，将外在获得的刺激内化成稳定的、基本的、内隐的，具有基础、衍生、发展和自组织功能，并与人的适应发展、创造性密切联系的心理品质。该定义，首先，强调心理素质是基于生理条件逐渐发展而来，并且由外在转化为内在；其次，心理素质是个体最基本的心理品质，具有稳定性和衍生性等特征；最后，心理素质通过个体在社会生活实践中的行为反应表现出来，特别是通过个体的适应以及创造行为得以表现。

（2）心理素质的结构

在心理素质研究早期阶段，心理素质被视为由层次结构组成，既包含相对稳定的内在心理机制，也包括外显适应行为，是一个多层面交互的自组织系统。上层分为认知、个性以及适应性三个维度，其中认知因素是心理素质结构中最基本的成分，主要指的是个体在反映客观事物时所表现出来的心理品质，涉及感知觉等具体操作；个性因素则是心理素质结构的核心，它反映了个体的个性心理内容，虽然不直接参与认知的具体操作，但对认知过程具有动力和调节机能；适应性因素主要体现心理素质的衍生功能，它反映了个体在与环境的互动过程中，不断地适应环境变化，使自身与环境相协调的能力，是认知因素和个性因素融合于个体外在行为的综合体现。

在三个维度下，心理素质又具化成22种不同的心理成分。例如在认知因素上涉及以知觉能力、类比能力为代表的一般认知能力和以计划性、监控性为代表的元认知能力，在个性因素上主要涉及坚持性、自制力、自信心等个性心理成分，在适应性因素上包含学习适应、人际适应、情绪适应等内容。在此层次结构中，每种成分独立存在，各自反映不同的特性，但成分之间又非绝对地孤立与割裂，而是具有一定的内在联系。在后续研究中，关于心理素质结构的探讨都是在基于层次结构模型的基础上，对具体成分或者因子的改良与完善，认知、个性以及适应性三个维度始终未有改变。

随着研究的进一步深入，层次结构观的不足逐渐显露出来。例如心理素质不同层次之间的关系难以明晰，特别是想要区分不同因素之间的特殊效应以及普遍效应较为困难。同时，在结果解释过程中，将层次结构观的三个维度单独讨论或者是从心理素质总体讨论都不甚合理。而近些年来，越来越多的研究者认识到了双因子理论的优越性，并尝试运用双因子理论去优化原有的结构模型。双因子理论起源于智力的二因素理论，即智力成分中的一般因素（g）和特殊因素（s）。

双因子模型的核心是通过一般因子去展现多个维度层面的共性，而用特殊因子去解释不同维度层面之间的异质性，同时两种因子又能够处于同一测量水平上。该模型最大的优势在于，相较于传统模型所有项目的区别独立，双因子模型中的每个项目都有着双重地位，即一方面它属于特殊因子的一部分，另一方面又共同隶属于一个一般因子；并且一般因子和特殊因子之间、各特殊因子本身之间的相关均为零。这使得研究者可以通过比较一般因子和特殊因子在共同因子变异中所占的比例，进一步考察一般因子和特殊因子的相对强度。而心理素质内涵结构与双因子模型思想较为吻合，因此使用双因子模型有助于明晰心理素质的潜结构，进而更准确地揭示心理素质的本质。为此，张大均团队将双因子模型引入到心理素质研究中，对心理素质的结构做了更进一步的阐述。即心理素质双因子模型由"核心因子"和"特殊因子"两个部分构成，"核心因子"突出反映心理素质的基本内涵特点，广泛参与到各种形式的心理活动中去；而"特殊因子"则是由认知素质、个性品质和适应能力三个部分构成，对应原有的认知、个性以及适应性三个维度。

3. 心理素质的功能

结构和功能是相互匹配的，通俗地讲就是有什么样的结构，就有什么样的功能。而心理素质作为素质结构的一种，也具有同样的组织系统。

在心理素质结构中，认知素质是最基本的心理素质结构，它为个体心理素质的产生提供知识基础，个体首先要认识和了解一种事物，才能产生一定的心理状态，而对于该事物认知的正确与否以及认知的深刻程度则影响着个体心理素质的发展，因此认知素质在心理素质中起着基础性功能。个性品质是心理素质结构中的核心部分，它不直接参与认知活动，但是为个体进行认知活动提供动力，对个体的心理和行为产生调节作用。个性在日常生活中常常表现为个体的性格、兴趣和需求等，良好的个性往往可以帮助个体塑造较高的心理素质，具备较高心理素质的个体往往表现出良好的适应能力和处理问题的能力即较高的情商，具备较高情商的个体往往可以促进自身其他素质的提高，这就是一种衍生功能。适应能力是心理素质功能的集中体现，它反映的是个体在与周围环境的互动过程中，为了适应环境而做出选择和改变的心理品质。适应能力使个体得到更好的发展，因此它在心理素质中作为发展功能而存在。

4. 心理素质与心理健康的关系

心理素质与心理健康二者的关系是"本"与"标"的关系，即心理素质是心理结构的核心层，是心理活动之本（起支配作用），而心理健康是心理结构的状态层（表层或外显层），是一定心理素质的状态反映。具体来说，心理素质是人稳定的、内在的心理品质，而心理问题则是受心理素质支配的、消极的、负性的心理状态；心理素质水平的高低与心理健康水平的高低有直接的关系，心理健康是心理素质健全的功能状态和标志之一。在一般情况下，心理素质水平高的人，很少产生心理问题，心理经常处于健康状态，相反，心理素质水平低的人容易产生心理问题，心理易处于不健康状态，健全心理素质的培育是从根本上解决青少年及大学生心理问题的途径，我们只有对大学生进行良好的心理素质教育，培养他们健全的心理素质，才能使他们心理健康。

（二）大学生心理素质教育的特点

大学生心理素质教育是整个素质教育体系中的重要组成部分。作为素质教育体系的一部分，它既有素质教育的共性，也具有自身独特的个性。

首先，大学生心理素质教育的教育对象是大学生，需要强调的是教育对象是全体大学生，而不是过去认为的存在心理问题和心理障碍的大学生。在大学生心理发展中既存在普遍的共性问题，也由于个体的差异性而存在特殊的个性问题。因此大学生心理素质教育要以大学生的生理和心理发展特点为依据进行教育。

其次，大学生心理素质教育的目标同中小学素质教育的目标不同，大学生已经具备较高的认知水平和较稳定的个性倾向，对大学生进行心理素质的教育是为了提高大学生的适应能力，培养创新意识，促进其身心和谐发展。

最后，对大学生进行心理素质教育的过程，往往是心理学、教育学、医学融会贯通的过程，以多种理论背景作为支撑来对大学生的心理素质进行培养和教育；除了理论上的多样化，手段上也同样要通过创设情境、激励参与、策略引导、内化反思和品质内化等环节使大学生心理素质教育得到彻底的贯彻和执行。

（三）大学生心理素质教育的意义

在知识经济时代，竞争已经渗透到社会发展的各个领域，国家之间、民族之间、地区之间、团体之间以及个人之间都充满了竞争，而这些激烈的竞争都集中表现为人的素质的竞争，因此，要想在竞争中脱颖而出就必须具备优秀的素质。而心理素质在素质结构中处于核心地位，因此竞争的角斗场也就意味着心理素质的角斗场，只有具备了优秀的或良好的心理素质的个体或群体才能在竞争中脱颖而出，获得自身的发展和提升。

大学教育一直被人们视为精英教育，是培养具有竞争力人才的教育。在新时代浪潮下，精英已经不再是传统意义上对学术能力的特指，现代的精英也指情商高的人才、具备良好的心理素质的人才。大学教育的目的是向社会输出适应性和创新性人才，因此促进大学生社会化发展这一课题也是大学教育一直在努力完善的至关重要的教育活动。而大学生心理素质教育在大学生社会化发展方面同样发挥着不可替代的作用，它不仅在大学生素质教育中发挥着关键作用，也为大学生的社会化发展提供心理准备和精神支撑。

如果大学生心理素质教育跟不上时代发展的要求，就会影响到大学生专业能力的学习和思想政治教育的实际效果；如果大学生的专业课教育和思想政治教育受到阻碍，大学生的学术能力和价值观就会受到影响；如果大学生的学术能力和价值观受到影响，其社会化进程就会受到阻碍，将来步入社会之后也会遇到各种适应性问题，这样也就意味着大学对人才的教育和培养效果不理想。所以大学生心理素质教育的地位非常重要，特别是在新媒体环境下，大学生心理素质教育就显得更加紧迫和势在必行。

1. 大学生心理素质教育的理论意义

从理论上来看，大学生心理素质教育在大学素质教育乃至大学教育中都处于不可取代的地位，发挥着不可或缺的作用。作为素质结构中最核心的部分，心理素质的高低会影响素质结构中其他素质的形成和发展。大学教育，就是为了让大学生拥有较高的认知素质，养成良好的个性品质，增强自身的适应性，这一切都与心理素质紧密相关。

近几年来，无论是大学教育还是社会教育都越来越突出德育的重要性，虽然大学生素质教育和大学生思想政治教育在内容上有所不同，但是在理念、途径和目标上都十分相似。以学生为本的理念、以引导为主的途径和以培育适应社会发展要求的目标促使大学生心理素质教育和大学生思想政治教育联袂发展。大学生思想政治教育是为了培育具备良好思想素质和政治素质的人才，这个教育过程是一个内化的过程，不是简单地传输知识就可以实现的。简单地说，就是学生从心里接受了这些理论，才能真正地付诸行动。一旦大学生具备了良好的心理素质，拥有健康的心理状态，就会用端正的态度去对待这些理论知识，由原本的不接受或被动接受转变为积极主动地去认知、去探索，并且将这些理论知识应用于社会实践，促进个体的社会化发展。

2. 大学生心理素质教育的实践意义

从实践上来看，加强大学生心理素质教育无论是对大学生个体、社会群体还是整个国家而言都是意义重大的。如今的大学生心理素质教育处于一个全新的环境之中，教育所面对的群体是心理状态更加复杂的大学生。在当代，加强大学生心理素质教育有利于提升大学生整体素质、有利于向社会输出合格人才、有利于为国家培养优秀栋梁。

二、大学生心理素质教育模式的内涵

所谓心理素质教育模式，首先它是一种模式，而模式在本质上就是解决某一类问题的方法论，具备指导性的功能。因此，心理素质教育模式在本质上就是解决心理素质教育问题的方法论，是人们在正确认识什么是心理素质教育之后，针对如何进行心理素质教育提出的方法论要求。

（一）大学生心理素质教育模式的本质

作为一种模式，大学生心理素质教育模式有其本质的特点。首先，大学生心理素质教育模式来源于现实，是对现实的抽象和概括，即心理素质教育模式源于现实心理素质教育活动的实践，是对现实实践活动的理论化的概括和总结；其次，大学生心理素质教育模式是理论化的表述，不能同简单的心理素质教育方法相提并论，否则就会降低心理素质教育模式的理论层次和价值；最后，模式是对理论的高度概括，在心理素质教育的实践活动中，可以提取相关的理论成果，而心理素质教育模式就是对这些理论最精简的表达。学者对心理素质教育模式的探索成果，由最初的模式等同于方法，到越来越充实的模式内容，虽然模式讲究的是简洁，但是在高度概括的同时不能出现片面的错误，所以最全面的模式应该包括教育对象、教育目标、教育内容、教育原则和方法。

（二）大学生心理素质教育模式的功能

从心理素质教育模式的功能上看，心理素质教育模式是从心理素质教育实践活动中产生的，并对实践活动具有方法论的指导意义，因此心理素质教育模式同心理素质教育过程是密不可分的，没有教育过程的探索和实践，就没有教育模式的形成和发展。心理素质教育过程从本质上来讲，就是主动培养学生健全健康心理素质的育人活动过程。

心理素质教育模式就是在这个育人活动过程中采用的程序模型，为心理素质教育活动服务，以培养学生健全健康心理素质为目的，遵循一定的原则，采用科学、合理的心理素质教育方法和手段，使学校心理素质教育以程序性的形式存在，便于心理素质教育的开展和评估。

既然心理素质教育模式从本质上来讲是一种方法论要求，那么从横向来看，处于同一阶段的心理素质教育可以运用同一种心理素质教育模式开展心理素质教育活动；从纵向来看，处于不同阶段的则应该采用不同的心理素质教育模式去进行教育活动。然而从认识和实践的关系来看，认识随着实践的发展而发展，要获取正确的方法论作为实践的指导，就要坚持认识和实践具体的历史的统一。

当前形势下的教育环境已不同往日，新媒体对大学生产生了深刻的影响，新媒体环境也对大学生心理素质教育过程产生了复杂的作用。在这个全新的环境中，构建出一个符合实际情况的心理素质教育模式是至关重要的，只有教育模式符合了新媒体环境下大学生的身心特点，才能充分利用新环境带来的教育优势，促进大学生心理素质教育的发展；反之则会阻碍其发展。

（三）大学生心理素质教育模式创新的价值

之所以说大学生心理素质教育模式在大学生心理素质教育活动中居于核心地

位，不仅仅在于它本身具有的方法论本质，也在于它涵盖内容的广泛上。大学生心理素质教育模式以培养全体大学生健全健康心理素质为目的，遵循心理素质教育的教育性、针对性、主体性、发展性和协同性等原则，采用科学合理的心理素质教育方法和手段，来指导心理素质教育实践活动。这个模式从内容上来看涵盖了多个方面，包括教育实践活动的目的、原则、方法和手段，这不是大学生心理素质教育活动中其他要素可以比拟的。合理、有效的大学生心理素质教育模式不仅能对大学生心理素质教育活动产生调节作用，同时也能够产生动力，促进大学生心理素质实践活动的发展。

如今，"人文关怀"一词越来越被人们所关注，这并不是一个最新的话题，但却是一个常议常新的话题。大学教育的人文关怀就是在大学教育活动中要以人为本、以学生为本，关注学生的真实诉求、关心学生的心理健康，满足学生在生理方面、安全方面、社交方面、尊重方面、自我实现方面的需求。同时，对大学生群体进行心理健康教育，不仅要依靠专业的心理学专家，也要依靠学生的自我疏导。大学生心理素质教育模式是在总结大学生心理素质教育规律的基础上得出的，突出反映了大学教育对于人文关怀和心理健康教育的诉求，体现了新时期大学教育的新特点和新目标。

大学生心理素质教育模式在大学生心理素质教育活动中处于不可替代的重要地位，发挥着关键性作用，因此符合时代发展规律的大学生心理素质教育模式可以有效地促进大学生心理素质教育的发展和提高；大学生心理素质教育在大学生素质教育中处于核心地位，影响着生理素质和科学文化素质的发展，大学生心理素质的发展和提高可以促进大学生生理素质和科学文化素质的发展和提高；作为社会主义事业的建设者和接班人，健康的身体素质、扎实的知识储备和健全的心理素质无疑会成为大学生的三大法宝，使之更能顺应时代的发展和历史前进的方向。因此，创新大学生心理素质教育模式既是为了使之更符合当前形势的发展，也是为了提高大学生的整体素质，可见，对模式进行创新研究在当代具有重要的价值。

1. 促进和完善大学生心理素质教育进程

大学生心理素质教育模式处于大学生心理素质教育活动的中心环节，心理素质教育模式必须符合时代发展的阶段性特点，才能将教育作用发挥到最优。在新媒体环境下创新大学生心理素质教育模式，不仅是顺应环境的变化和时代发展的要求，同样也是顺应素质教育发展的要求。大学生的心理素质教育不可忽视，不同年龄阶段的大学生在心理上的诉求是不同的。

新媒体环境下的大学生心理素质教育模式的创新，正是基于大学生不同的心理诉求，以不同阶段的大学生为具体的研究对象，分类别、分层次地进行不同内容的心理素质教育，借助新媒体等手段进行方法上的改革和创新，推动大学生心理素质教育的进程。

2. 顺应新时期大学生素质教育新发展

教育过程是教师的教和学生的学有机结合的过程，是充分发挥学生主观能动性的过程。重视教育过程的师生互动、重视学生的全方位发展正是素质教育同传统教育的不同之处。

新媒体时代的到来将大学生心理素质教育的缺位凸显了出来，新媒体环境下的大学生具备更加自我、更加自信的特点，因此在新媒体环境下对模式进行创新研究的过程中，也更加关注学校管理机构–心理咨询中心–心理学教师–班主任和辅导员–大学生自组织系统的互动关系，通过"五位一体"的互动模式能够有效地提高当代大学生的认知素质、个性品质和适应能力，提高大学生的情商，促进大学生在德、智、体、美、劳方面的和谐发展，满足新时期大学生素质教育的新要求。

3. 加快新时代国民素质提升的步伐

我国自改革开放以来，生产力不断提高，经济取得了高速的发展，国家的综合实力得到了明显的提升。然而，经济和社会在飞速发展的过程中，国民素质发展的滞后性却成了阻碍。国民素质包含方方面面，作为素质体系中的中介环节——心理素质，必然在国民素质中处于重要的地位。因此在新媒体环境下对大学生心理素质教育模式进行的创新，不仅仅能培育出具备健全心理素质的大学生，也能够向国家输出合格的人才，向社会输出高素质群体，用大学生的高素质去感染周围的人、去感染整个社会氛围，从而提高国民的整体素质。

第二节　大学生心理素质教育模式发展现状

一、心理素质教育是现代教育发展现状的要求

良好的心理素质是大学生成长发展的需要，是培养国家现代化人才的需要，学校应当重视和加强大学生的心理素质教育。

（一）大学生成长发展的需要

大学生的成长发展是伴随着人的身体发育成熟，人的认识、情感、能力和社会性等方面获得完善的过程。

人出生后与社会环境接触，并在与环境的互动中成长。一方面，由于个体的自我成长需要，希望从环境中（特别是在人际关系上）获得满足；另一方面，又受到社会的限制，他在社会适应上产生一种心理上的困难。埃里克森称之为发展危机。他认为，人一生随年龄发展经历不同的发展阶段，每个年龄阶段都可能产生不同的心理危机，即遇到不同的社会适应问题。这就需要人们不断地学习，在经验中调适自我，使自己不断地完成每一个阶段的适应任务，从而不断发展。

人的心理发展有八个阶段。大学生处于人生发展的青年后期和成年早期阶段。大学生在这一时期适应和发展的主要任务是确立正确的自我概念，即能够独立地做决定，并能够承担起社会的责任；能够与别人建立亲密的关系，或在其中获得相互的认同。埃里克森认为，发展亲密感、建立良好的社会关系对于个人能否进入社会具有重要的作用。这一阶段心理发展任务的完成，是奠定大学生一生发展的心理基础，因此，学校应当通过心理素质教育，协助他们获得心理的更好发展。

1. 发展能力

在大学期间，大学生可以发展多方面的能力，使他们更有信心来表现这些能力，包括智力、体力、社交及人际交往能力等。

2. 管理情绪

大学生每天面对许多挑战，有些来自学习，如选修科目、考试、写论文，也有些来自人际关系、家庭等方面，从而产生种种不同的情绪，有积极的也有消极的，大学生要充分了解、认识自己的情绪，并以恰当的方式处理情绪，这对整个人生都有着深远的意义。

3. 从独立自主迈向互相帮助

作为大学生，学习自己独立承担责任是十分重要的。在学习独立的同时也要学习如何互相帮助、如何互相包容，因为每一个行动都会影响自己和他人，在有些情况下个人需要做出牺牲、让步以达成共识。

4. 发展成熟的人际关系

与别人建立关系对大学生的生活有很大的影响，建立良好的人际关系十分重要。一是要容忍和欣赏别人与自己的不同；二是要有能力与别人发展亲密关系。维持这样一种甜蜜、亲切的关系需要自我认识、自信心、支持及沟通等。

5. 确立自己的角色

确立自己的角色对于大学生来说十分重要，它既影响自尊心、自信心的建立，也影响他人对自己的满意及接纳的程度，还会影响自己对自己的评价等。

6. 发展目的

发展目的包括制订计划，确定方向、目标。其包括三个方面：一是职业上的计划及期望；二是培养个人兴趣；三是建立良好的人际关系。人生目标的制定往往与大学生自己的价值观及信念有关。

7. 发展整合

大学生的价值信念是引导他们行为的方向，也是他们为人处世的原则。整合指的是行为与价值一致、顾及别人的利益、尊重别人的意见，同时能够肯定自己的价值观及信念。

联合国教科文组织提出了教育的四大目标，即学会求知，学会做事，学会合作，学会生存与发展。这是对当代大学生的适应和发展提出的任务和要求。

（1）学会求知

求知是一个终生的任务。大学生应当热爱学习，不断用新的知识充实自己，不但学好本专业的知识，而且学习与之相关的各种人文和自然科学知识，拥有跨学科的交融能力，拥有综合分析问题、解决问题和在复杂信息环境下检索和判断的能力，拥有不断创新的能力。学会学习，不仅是为了获得知识本身，重要的是还能获得一种认识世界的手段和能力。

（2）学会做事

大学生要有敬业精神和社会责任感，要有独立的生活能力、独立选择的能力、独立决断的能力、独立处理问题的能力和应对各种情况和各种环境的能力，能够不断积累做事的相关经验，使工作富有成效。

（3）学会合作

在现代社会中，人与人必须合作。学会与人和谐相处与合作，既是一种人际交往的能力，也是人生成功的一种人际资源。大学生应当尊重他人，能够接纳他人的长处与不足，能够与他人进行良好的沟通，在沟通中建立亲密的合作关系，在相互交流与分享中促进自我和他人的成长与发展。

（4）学会生存与发展

学会生存与发展，也就是要学会做人。适应与发展的目的在于使人日臻完善，使人格成熟，不断增强自主性、判断力和个人的责任感。

大学生要拥有正确的人生观、价值观，拥有明确的伦理道德观念和是非观念，能够遵守社会公德，使自己的各项行为符合新时期大学生的行为规范。

心理素质教育是协助大学生完成以上成长发展任务的需要。

（二）大学生适应现代社会的需要

我国正在经历历史上从未有过的巨大变革，社会竞争日趋激烈，生活节奏日益加快，社会变化多元、复杂，都给现代人适应和发展带来了许多挑战和压力。高科技引发的国家经济结构调整，带来了职业发展上的不平衡，一些新职业兴起，旧职业减少，给大学生就业和择业带来很多压力；知识、学历、能力的竞争使得学历贬值；收入、贫富差距日益拉大，使许多人的内心失去了平衡；市场经济诱发的急功近利，使许多人内心浮躁不安；传统与现代、东方与西方的价值观冲突搞得人们眼花缭乱、无所适从；竞争压力下人际关系的日趋紧张和淡漠，使人们普遍感觉到内心的孤独和寂寞。人们的社会适应问题比以往任何时候都突出。现代社会压力增大，人们的心理问题增多。压力即动力，挑战也是机遇。现代社会发展提出了一些新问题，如何才能拥有充分的自信和顽强的意志品质，以承受竞争的压力和迎接高科技发展带来的挑战？如何才能拥有敏锐的感受力和预见能力，善于捕捉有利于发展的新信息？如何才能有果敢的选择和判断能力，善于把握发展的机遇？如何才能拥有不断创新的能力，在社会的飞速变化中不断实现自我的价值？

处在人生发展转折时期的大学生，面对社会的迅速变革，必然会承受来自学习、人际交往、求职择业、事业发展、恋爱婚姻等各方面的巨大压力。大学生想要战胜压力，在社会上有很好的适应和发展，就必须具备自信、乐观、创新、合作、进取等良好的心理品质。学校培养的人才必须拥有在现代社会中生存和发展的能力，这就需要加强心理健康教育。

（三）培养国家现代化人才素质的需要

在国家现代化的进程中，人是最重要的因素。如果一个国家的人民缺乏一种赋予这种制度以真实生命力的广泛的现代心理基础，如果执行和运用这些现代化制度的人自己还没有从心理、思想、态度和行为方式上经历一个现代化的转变，失败和畸形发展的悲剧是不可避免的，再完美的现代制度和管理方法、再先进的科学技术也会在传统人的手里变成一堆废纸。人的现代化是整个国家现代化的核心和基础。

一个国家只有实现人的现代化、实现人的素质的全面提高，使人从心理和行为上都转变为现代化的人，这个国家才能真正实现现代化。大学生是国家的栋梁，是国家的未来，是先进道德、精神文明的体现者和传播者，我们要建设一个现代化的强国，必须培养他们良好的心理素质。

二、大学生心理素质教育模式的内容

大学生心理素质教育是学校德育工作的重要组成部分，是促进大学生全面发展和提高人才培养质量的重要途径和手段。在社会加速转型的特定时期，随着办学规模扩大，学生中独生子女群体、经济困难群体和学业受挫群体等特殊情况增多，心理问题学生也不断增多。如何有效地开展心理素质教育、提高大学生心理素质水平、建设平安和谐校园，是各高校亟待解决的问题。而当前大学生心理素质教育主要存在诸如重视治疗功能，忽视培养功能，过分依赖于心理理论，实践性不强等突出问题，需要形成一套适合中国大学生状况的心理素质教育模式。

（一）大学生心理素质教育的原则

1. 教育性原则

教育性原则是大学生心理素质教育所遵循的最基本的原则，无论大学生心理素质教育采用什么样的目标、设置什么样的内容，归根结底都是为了达到教育的目的，培养大学生积极适应、和谐发展和主动创造的精神。

2. 主体性原则

心理素质的形成、发展有赖于主体自身与外界环境的互动过程，在主体内化协调中使心理结构趋于合理、完善、平衡，使心理潜能得到发掘，因此个体积极主动参与、配合是最重要的。在对大学生进行心理素质课堂训练的过程中，教育者不可忽略大学生的主体性作用。

主体性原则主要体现在：尊重学生在各项活动中的主体地位，调动学生主体的自觉性、能动性及创新潜能，培养自我教育的能力。具体地说，第一，教师要尊重和发挥每个学生的价值，肯定每个学生在集体中的地位和作用，有意识地引导学生认识自己和他人的价值；发挥每个学生的潜能，提供给每个学生展示才能的机会，让学生有表现自己、展示自己才干的舞台。第二，关注学生的心理需要。马斯洛把归属需要视为人的基础需要之一，它包括个体交友、获得别人的赞同和鼓励、获得社会认同和社会支持等心理需要。这种心理需要的满足，就构成了心理素质教育效果的基础和条件。第三，教师与学生、学生与学生要建立平等、民主、友爱、合作的交往关系，为发挥学生主体作用创造良好的人际关系氛围。

3. 活动性原则

为了提高大学生心理素质，需要让他们通过参与一定的活动接受训练。提高大学生心理素质的训练活动很多，如人际交往方面的活动训练，从人际交往第一步开始的自我介绍、互相认识，到学会倾听，学会赞美他人，学会互相协作、互相信任等，都有一系列的活动。通过这些活动，大学生可以对自己和他人有更深入的了解，发现自己的长处和短处，使自己向着更好的方向努力。学生是课程的参与者，更重要的还是建设者，他们有权利和义务促进教学的开展，必须鼓励学生的参与和贡献，可采取民主和讨论的方式，激发学生的动机和共同目的；要注意把学生的意见和贡献运用在教学中，强化学生的主动性和实践性，使他们更加投入，这样学习的积极性和自觉性就会越来越高。

4. 发展性原则

高校的心理素质教育是以促进学生心理健康的发展为目标、以积极心理学为指导、以发展为取向的心理教育。

随着人类对自身认识的深入，人们更倾向于从积极的视角认识人性，从发展的角度促进人们的心理发展。因此，积极心理学成为当代心理学的最新发展趋势，它挑战了心理学界几百年来以研究心理疾病为主的思潮，倡导从积极的视角，以积极的心态重新解读心理现象，关注人类的健康、幸福与发展，关注人的潜力与创造力的发挥，帮助人们寻求和掌握获得幸福生活的方法与途径。积极心理学也研究心理问题和疾病，只是它对心理疾病的治疗和预防有独到的见解，它更注重研究人性中的优点与价值，并采取更加科学的方法挖掘人自身的潜质，激发人们的自信心，坚定人们生活的信念，帮助人们过健康、有效的生活。在预防方面，积极心理学提出了积极预防的思想。它认为单纯地关注个体身上的弱点和缺陷都不能产生有效的预防效果，而应通过发掘并专注于处于困境中的人的自身的力量，系统地培养各项能力，并培养出美好的品质，这样才能进行有效的预防。

积极心理学的思想与高校培养目标是一致的。当前高校心理素质教育应以积极心理学为指导，确定一个发展性的目标，培养学生自尊自信的自我形象、积极乐观的情绪情感、和谐友善的人际关系、成熟完善的人格，努力创造有利于其心理成长的环境，使个体最大化地发挥出潜能，促进自我关爱、自我成长。

5. 协同性原则

从20世纪80年代心理素质教育兴起至今，我国教育工作者在实践中不断探索心理素质教育的有效实施途径。在学校开设心理课程和心理咨询是常用的渠道，但是由于各方面原因，取得的效果并没有期望中那么理想。在新媒体环境下的大学校园中，大学生常常依赖网络解决问题，不仅是专业课程上的问题，也包括自己的心理疑惑。所以，大学生心理素质教育是一个复杂的教育过程，它不是单一学科理论支撑的教育过程，而是以多门学科理论作为支撑背景进行教育的过程。

6. 疏导性原则

教育者要根据学生的心理特点，在晓之以理的基础上，对学生循循善诱，通过疏通和引导，使学生乐于接受教育和训练；以启发与引导为主，使大学生明白训练心理素质的意义，从而调动他们接受心理素质教育的积极性。另外，在每次教育活动过程中及结束时，教育者都应适当地予以引导、总结和点拨，对学生正确的表达和行为予以赞赏，对失之偏颇的观点予以纠正，启发大家思考甚至辩论，尽量让学生自己发现不合理之处，对还没有深刻体会相关心理知识的学生予以不动声色的特别关照。

7. 渐进性原则

大学生心理素质教育是一个循序渐进的过程。因此，大学生的心理素质教育既要适时，又要适度，要有一整套科学的内容、要求，实施时应有计划、有步骤，逐步深入地进行。通常，应该先激发起学生的积极性，比如通过组建团队、开展游戏活动让学生逐渐喜爱这门与传统课堂教学不一样的课，然后通过不同的课程内容设置，使学生由浅入深、由内到外地认识自我、发展自我、适应社会、贡献力量。同时，由于心理素质教育是一种心灵转化教育，信任是心理素质培养和训练取得成功的基础，因而，教育者与被教育者之间要加强情感沟通和心理交流，逐渐巩固相互的信任关系。

（二）大学生心理素质教育的目标

大学生心理素质教育是提高青少年整体素质的基本手段，是实现素质教育总目标的有效途径。对心理素质的各因素进行有针对性的培养，充分发挥大学生心理素质教育的功能，能很好地促进学生文化科学素质、思想道德素质、劳动技能素质和创新与实践能力的提高。大学生心理素质教育的目标包括适应性目标、发展性目标、创新性目标，又可以分为以下五类具体目标。

第一，促进和维护学生的心理健康。心理健康是学生文化、科学等素质正常形成和发展的前提条件和基本保障，为个体成长提供必需的心理基础。

第二，开发智力，促进能力发展，提高学生科学文化素质。

第三，培养学生主体性，形成完善人格。大学生心理素质教育强调以人为本，对培养其创造性人格、锻炼实践能力极有裨益。

第四，养成良好行为习惯，提高社会适应能力。良好的行为习惯受良好心理素质的支配，大学生心理素质教育可有效地促进学生思想品德、劳动技能和实践能力等素质的养成，从而提高社会适应能力。

第五，开发学生的创造潜能与特长。大学生心理素质教育就是要将每个学生独特的创造潜能挖掘出来，充分发挥每个学生的创新精神与能力。

大学生心理素质教育目标在进行具体的设计落实时，应注重教育目标的综合性。而且，学生的心理素质总是以整体的形式体现出来，需要进行系统的培养和训练，同时学生存在的心理问题或行为障碍也是多方面的，因此，教师所确定的大学生心理素质教育目标不应是单一的，而应是多元综合的。既应包括认知目标，如理解、应用和评价等，又应包括情感、意志和态度目标，如感受与体验、调节与控制等，还应含有行为与习惯目标，如反思与检查，矫正、改进与完善等。教师在进行大学生心理素质教育目标设计时切忌将教育目标仅仅限定在某一方面而忽视或舍弃其他方面，应采取多方面、多层次的综合性教育目标制定模式。

（三）大学生心理素质教育的内容

大学生心理素质教育的内容在设置上离不开大学生心理素质教育的目标，目标为内容的设置指明了方向，因此大学生心理素质教育的内容在设置上要围绕大学生心理素质教育的目标展开。在大学生心理素质教育模式中，大学生心理素质教育的内容所占的比例是比较大的，模式作为方法论指导着实践工作，就需要形成程序化的内容体系，通过模式涉及的教育内容实现教育目标。

大学生心理素质教育的目标要求心理素质教育应该使大学生达到适应和发展

的目的，因此依据目标的要求，适应性内容、发展性内容和创新性内容就应该作为大学生心理素质教育内容的组成部分。其中，适应性内容是最基本的内容。大学生在进入大学校园后，最主要的适应性内容就是适应新的校园生活、新的学习内容和学习方法、新的人际交往方式。发展性目标是具有衍生性功能的目标，对大学生的成长和成才具有非常重大的意义，因此发展性内容对于大学生的智能发展和非智能发展都有相应的要求。创新性目标是大学生心理素质教育目标的最高层次，创新性内容就是发展大学生的社会性和创造性。

围绕实现途径，可以做以下内容分类。

1. 开设心理素质教育课程

"大学生心理健康"课程不同于传统的知识教育课程，它具有以下特点。

（1）以素质培养为重点

课程内容设计从学生的实际需要出发，即以大学生心理成长发展中的常见问题设计课程内容体系，而不是以理论知识本身的逻辑体系来设计。例如"大学生心理健康"课的内容为"大学生的自我意识""大学生的人际交往""大学生的情绪管理""大学生的性心理""大学生的恋爱心理"等。从实际问题出发，选取与此相关的理论知识内容。课程内容贴近学生实际，因此他们爱学，学了就能用。

（2）多重体验互动式教学方法

为了发挥学生在教学中的主体作用，调动他们自主学习的积极性，使心理健康知识转化为学生内在的素质，采用多重体验互动式的教学方法，把学生在课堂中的互动体验和知识讲授有机结合，让学生在做中学、在学中做，在参与中体验、在体验中领悟、在领悟中理解、在理解后内化、在内化后转变为自己的行动，教师探索了多种互动体验方式，例如案例分析、互动游戏、角色扮演、排练心理剧等，这些互动体验活动配合课程的理论教学，使学生学习更有兴趣，参与积极性更高，加深了对理论的理解，学会了心理自助与助人的方法，获得了心灵启迪，提高了心理适应能力，增强了心理素质。

2. 开展心理咨询

心理咨询的专业性、保密性，对帮助学生深入认识自我，解决他们成长发展中的学习、交往、择业等心理困扰具有独特的作用。心理咨询可以深化课堂教学的内容。在心理咨询中发现的学生心理上存在的共性问题，是心理素质教育课的教学重点。高校心理咨询注重积极心理取向心理咨询。积极心理取向心理咨询的特点是协助学生认识并开发个人潜能，让学生运用自己的优势资源，自己解决心理困惑，获得自我成长。积极心理取向心理咨询符合高校心理素质教育的整体发展性目标。

我们要吸收国外的先进经验，结合本国的实践经验，制定一套既达到国际水准又符合我国高校特点的科学规范的管理制度，包括心理咨询的原则、工作规程、心理咨询员的职能与要求、来访者预约咨询程序及注意事项、危机干预办法及规程、转介来访者的标准、心理测试评估工作规定、专业督导制度等，以使心理咨询获得科学的发展。

高校专职心理咨询教师要有健康的人格特质，要有专业的资质，至少具有心理学专业硕士学历，并不断接受专业的培训和督导，提高心理咨询的专业能力和专业水平，以期更好地为学生提供高质量的心理咨询服务。高校心理咨询机构也可聘用受过严格专业训练的兼职心理咨询师，但要确保他们具有合格心理咨询师的专业资质和能力。

在做好个别咨询的同时，高校也要积极开展团体咨询与团体辅导。团体辅导活动方式新颖，参加人数相对个别咨询较多，适用于大学生的心理发展需要。

3. 开展多种心理素质教育活动

心理素质教育活动，不受时间、空间的限制，形式多样，是对大学生进行心理素质教育的重要渠道，也是广受大学生欢迎的教育方式，它能大大地拓宽心理健康课堂的教育范围，对学生的心理健康发展起到重要的作用。高校心理素质教育的活动有很多，如利用校报、校刊等媒体，广泛宣传普及心理健康知识；举办心理健康知识展览、专家讲座、心理沙龙、现场心理测验、现场心理咨询、团体训练、征文比赛、观看心理影片等活动。学生朋辈心理辅导是高校大学生心理素质教育的重要力量。学生社团积极分子、学生助理心理员、班级心理委员、宿舍长等学生骨干经过专业的培训，在大学生心理素质教育中发挥了自助助人的作用。

4. 开展科学研究

高校可以结合心理素质教育的实践，开展大学生心理素质教育的科学研究。例如开展大学生心理健康状况的调查分析，探讨大学生心理发展的规律，总结教学、教育、咨询的实践经验，将其升华为自觉的理性认识。这些都能将丰富的实践经验转化为科学的理论，起到创新心理素质教育理论的作用，同时，用这些理论去指导实践活动，就进一步深化了心理素质教育。

第三节　大学生心理素质教育模式的创新建构

一、创新大学生心理素质教育模式的教育机制

（一）更新大学生心理素质教育理念

树立"以人为本"的教育理念。这里"以人为本"包含两方面的含义：一是充分认识教育者自身工作的重要性，增强使命感和责任感；二是充分尊重自己的工作对象，用平等的态度竭诚为他们服务。

过去的心理素质观念就是在思想上、行为上纠正学生的偏差，起到教育、规范学生的作用。而"以人为本"则是强调学生有自己的尊严和人格，教育就是帮助学生发展能力、完善人格、培养个性。这就要求学校心理咨询工作要遵循实践教育的模式，而不是医学模式，即在心理咨询过程中，来访者被看作正常人，而不是病人。学校心理咨询工作强调的是帮助来访者消除阻碍个体发展的各种因素，主要方式是谈话，被咨询者重在倾听来访者的诉说，并与之交流沟通思想。同时要把"以人为本"思想体现在对学生的日常生活和学习的关心、尊重和激励上，把学生的冷暖放在心上，由"管教者""救火员"变为学生的良师益友，经常深入到学生中去，准确地把握学生的思想脉搏，积极引导热点问题，及时帮助学生解决实际困难。

培养健全正确的世界观与人生观，是心理素质教育的基础。正确的世界观、人生观、价值观以及道德责任感，对一个人良好心理素质的形成起着导向作用，

有助于提高其心理健康水平。要着眼于提高学生的思想政治素质，从根本上培养学生树立正确的世界观、人生观、价值观，促使他们勇于进取，增强责任心、保持上进心、提高自信心，以良好的情绪和高尚的情操克服消极情绪，为大学生全面健康地成长打下坚实的基础。

（二）优化大学生心理素质教育方式

1. 培养大学生的发展性心理素质

新生初入大学校园，要经历一系列的适应活动和体验活动，因此新生心理素质教育要以角色适应为核心，以发展性心理培养为方向，遵循新生的心理素质结构的特殊性进行开展。新生要面对的主要问题就是适应问题，适应新的生活、学习和交往环境对大学生的成长和社会化至关重要，这就需要新生在一年级阶段放开自我、融入环境、体验自我。但是在新媒体环境下的大一新生，持新媒体或网络万能论的并不在少数，对新媒体的认知并不是全面、客观的。他们认为新媒体或网络可以满足一切需求，用网络环境取代了大学环境，从而失去了适应大学生角色的机会，也就没有办法对自己进行合理、准确的定位。也正是由于对新媒体在认知上存在偏差，有些大学生就相应地产生了一系列不良的个性习惯，比如过度依赖网络而导致性格孤僻、不善交际，辩证思维能力弱，在课堂上使用手机进行娱乐活动导致注意力不集中、影响学习等。

对新生的心理素质教育应着重于发展性心理培养，即通过各种途径和方法帮助大学生树立发展性观念，引导学生学会用发展的眼光看待学习和生活，抓住新媒体环境下大学生心理发展的特点，有针对性地进行心理素质教育。因此在大一阶段就应该对新生进行新媒体环境方面的认知教育，这样有利于帮助学生建立健康的生活习惯和学习习惯。

2. 探索大学生的实践性心理素质

第一，建立心理健康教育档案资料库。大学生入学后，在心理上遇到的最大问题就是适应难，这几乎在每个新生身上都有存在，如对环境的适应、人际关系的重构、学习内容和方式的改变、对自我的重新认识和定位等一系列大大小小的问题。针对这种情况，学校可以举办各种形式的心理健康有奖征文比赛，要求新生围绕"如何尽快适应大学生活和学习"这一主题进行思考。此外，还可以为新生进行个别咨询，举办大学生心理调适及环境适应对策的讲座，并现场就学生提出的有关疑问进行答疑。通过这些活动的开展，有效地减轻新生入学以来存在的心理压力，使他们重新轻装上阵，投入到愉快的学习和生活中。为了尽早发现问题，积极防御，及早诊治，全面维护和促进学生的身心健康，在新生入校接受身体健康检查后，还可以用《卡特尔16种人格因素量表》和《症状自评量表SCL90》进行心理健康普查，并将测试结果反馈给每一位学生。在反馈时，除了向学生讲清分数的含义外，还要着重引导他们用正确的态度和方法来评价自己。同时，对普遍存在的问题及时分析、提出建议，对存在明显心理障碍的少数学生采取个别咨询的办法，以求进一步了解和解决问题。总的来说，测试既为学生提供了全面了解自我、客观评价自我的机会，促使学生重视心理健康，同时又为在校期间有针对性、及时地教育学生提供了重要参考依据，并为研究历届学生心理发展变化轨迹积累了第一手资料。实践证明，由于不同学生的心理活动特点以及对事物感知、接受、转换的能力不同，所以在学校设立面向学生的心理咨询机构，运用现代化手段建立学生心理健康教育档案资料库，形成对学生心理问题、心理健康教育资源的有机配置，是十分必要的。

第二，广泛开展社会实践活动，提升大学生心理素质。人的心理素质是在社会实践中逐渐发育和成熟起来的，它是可以改变的，后天的学习和实践不仅可以提高人们的素质水平，甚至可以弥补先天造成的不足。大学生虽然文化知识较高，但因他们涉入社会不深，社会经验和社会阅历不足，在一定程度上会造成不健康的心理问题和心理疾病。因此，我们要充分发挥学生社团作用，加强心理素质的自助教育，将心理素质教育同社会实践结合起来。在社会实践中，对大学生在生活、学习、升学以及择业等问题上出现的一些不良现象给予正确的引导，以帮助他们提高分析和解决问题的能力，特别是提高辨别是非的综合判断能力、承受挫折的适应环境能力。

第三，重视一般心理问题的咨询。大学生一般心理问题尽管在程度上可能不太严重，但它发生的面却很广，具有很大的普遍性，几乎在每个人身上，在不同时期都会或多或少地出现，如不及时解决，就可能导致严重的心理障碍和心理疾病。为此，我们一方面要有意识地针对大学生中普遍存在的共性问题，适时地进行团体咨询；另一方面，对问题较严重的学生进行个别咨询。这种主动与被动相结合的办法，会收到较好的预防效果。

第四，做好大学生常见心理疾病的治疗，帮助他们消除内心痛苦。心理治疗是一种比心理咨询更费时，难度更大的康复活动，主要是针对较严重的心理障碍和心理疾病来实施的。尽管这些障碍和疾病在大学生心理咨询中所占的比例不算太大，但其对患者的影响却是刻骨铭心的，常常令患者和家人苦不堪言，若得不到及时、有效的帮助，就可能从此毁掉一生。

第五，运用各种媒体，广泛、积极地宣传和开展心理素质教育工作。校园内外的各种媒体如广播、学报、校刊、网站等，在影响大学生健康成长方面起着潜移默化的作用。要充分利用学院广播、电视、计算机网络、校刊、学报、橱窗、板报等宣传媒体，通过第二课堂活动，广泛宣传、普及心理健康知识，强化学生的参与意识，激发广大学生的兴趣。通过个别咨询、团体辅导、心理测验、心理行为训练、书信咨询、热线电话咨询、网络咨询等多种形式，有针对性地向学生提供经常、及时、有效的指导与服务。针对大学生的心理特点和知识要求，让大学生从多角度、多场合接受心理素质教育。丰富多彩的校园文化生活，良好的心理氛围，能唤起大学生提高心理健康水平的自觉要求，从而使其具有良好的心理和社会适应能力。

3. 培养大学生的社会性心理素质

即将毕业的大学生面临着就业这一重大问题，大学生心理在这个阶段呈现波动大、敏感性高的特点，因此在这一阶段，对大学生进行心理素质教育要偏重生涯和职业的规划教育，保证大学生社会化的平稳过渡。新媒体环境下，这个阶段的大学生呈现出来的最主要的心理问题就是焦虑、角色定位混乱、价值观缺乏稳定性、与社会脱轨、急功近利等。

4. 加强大学生的针对性心理素质教育

大学生在不同的发展阶段往往会遇到不同的问题。一般说来，低年级学生容易产生适应性和交往方面的心理问题，高年级学生容易产生学习、人际关系和择业及竞争方面的心理问题。有些家庭生活困难的学生、学习成绩较差的学生、对所学专业不满意的学生，常常会产生自卑心理，从而导致焦虑症、抑郁症、恐惧症等心理疾病。为此，要对学生的心理素质现状进行心理调查、心理测试和行为观察，掌握充分的信息资料，建立学生心理档案，摸清各年级学生心理素质水平和特点，使心理素质教育具有针对性。

（三）完善大学生心理素质教育体系

目前高校的心理素质教育大多采取以开设心理学专题讲座和开展心理咨询活动为主要内容的教育活动，尽管取得了一定效果，但远不能满足大学生心理素质教育的需要。为此，必须从两个方面完善心理素质教育的体系。一方面，要系统地开设心理素质教育课程，普及心理学知识，通过对心理健康、心理素质意义的介绍分析，以及心理学知识的传授、心理卫生知识的普及、有关技能的训练，对学生中普遍存在的心理问题进行预防和集中辅导；要采用讲授、讨论、辩论、演讲等多种形式，全面系统地训练大学生的心理素质，预防并解决普遍性的心理健康与发展问题。另一方面，心理素质教育是学校有目的、有计划、有组织地对学生施以直接或间接影响，提高学生心理素质，促进其全面发展的过程，必须有完善的内容体系。针对大学生特点及需求，应制订切实可行的心理素质教育计划，及时调整、更新心理素质教育内容，逐步形成一套科学的、切合实际的心理素质教育内容体系。

要把大学生心理素质教育看作一个系统工程，而不仅仅是某个人某个部门的事情。高校心理素质教育绝不只是学校专职心理咨询老师的事，也不只是德育部门的事，全体教职员工都应积极参与。课堂教学是对大学生进行心理素质教育的主渠道，各专业课教师都应抓住学生对专业课教育重视程度高、对专业课教师比较信任的优势，将心理素质教育有机地渗透于各科教学中。学科渗透能否产生实效，取决于教师能否把学科知识中蕴含着的丰富的心理素质教育内容挖掘出来并自觉施教。而这些都具体体现在以下几个判断标准上：心理素质教育课堂上能否建立和谐、民主、合作的师生关系，为学生提供良好的心理背景，能否为学生创造心理自由的环境，即创设学术自由、学术争鸣、教学相长的氛围，让学生获得成功的体验，减轻学生的心理压力，化解心理上的困境等；教师是否具有良好的心理素质，特别是健康的心理与健全的人格；能否把心理素质的教育内容纳入学科教学大纲之中。目前高校各科的教学大纲基本上是一个知识技能的大纲，对于大学生能力的发展，特别是情感、意志、个性等非认知因素的内容并未反映在大纲内，既未要求，也无法去操作与检测，更无有力的保证措施。这就需要专业课教师能够认清新时期的人才观、教育观与素质观，自觉地把心理素质教育融入自己的学科教学过程之中。

二、创新大学生心理素质教育模式的运行机制

（一）领导层面

培养学生良好的心理素质是学校培养现代化人才目标的要求，是学生成才发展的需要。因此，高校领导应当进一步提高认识，切实加强对高校大学生心理健康教育的领导，重视心理素质教育工作，完善工作机制，各部门之间形成合力，将提升大学生心理素质的工作落到实处。

1. 完善心理素质教育工作领导机构

学校领导要高度重视大学生的心理素质教育工作，成立以校党委书记为组长，相关职能部门负责人、院系党政领导、有关专家为成员的心理健康教育工作领导小组，加强领导小组对心理素质教育工作的领导。

完善院系心理素质教育工作领导机构，成立院系心理素质教育工作领导小组。院系党政领导要重视心理素质教育工作，定期研究学生的心理健康状况，并长期有效地开展心理健康教育活动，为院系心理健康教育提供支持和保障。

2. 重视制度建设

制度建设是心理素质教育实施的制度保障。学校领导要建立和完善相应的制度，如心理素质教育工作的规章制度、师资队伍建设制度、危机预防及干预制度等，将心理素质教育工作纳入学校日常工作中去，使学校的心理素质教育规范化、制度化。通过制度的有效实施，加大心理素质教育课程建设，为承担心理素质教育课程的专兼职教师提供良好的政策支持；加强心理危机的筛查、危机预防及干预工作，重视对院系教师进行心理危机培训，注重发挥全体教师在心理危机干预及预防中的作用等。通过建立与完善相应的制度，及时了解学生的心理健康状况，了解各院系的心理素质教育工作效果，为做好心理素质教育工作提供制度保障。

3. 加强对心理素质教育的督导评估

为了更好地落实心理素质教育工作，学校心理素质教育工作领导小组要加强对学校各部门心理素质教育工作的督导评估，及时发现心理素质教育工作落实过程中遇到的问题，并每年在学校党委常委会、校长办公会专题研究心理素质教育工作，解决存在的突出问题。

（二）教师层面

为了保障高校心理素质教育工作的可持续发展，需要建立一支高素质、有能力的心理素质教育工作队伍，不断加强高校心理素质教育的师资队伍建设。

1. 设置配备专职教师

心理素质教育工作是一项科学性、专业性较强的工作，必须由具备较强专业能力的专职教师来承担。学校要设置心理素质教育教师岗，解决心理素质教育教师的编制，并按照学校师生比不低于1∶4000的要求配备心理素质教育专职教师。

2. 保障教师的专业化发展

由于学校心理咨询中心大多隶属于学生处，因此有些学校的心理素质教育教师属于行政编制，评职称只能走行政系列，不利于心理素质教育教师的专业发展和他们获得职业归属感。因此，有必要将专职教师纳入思想政治教育专业技术职务系列，根据工作特点制定相应的评聘标准，科学设置专业技术职务结构比例，为教师队伍持续发展和提升创造条件。

3. 加强专业培训

为了提升心理素质教育效果，有必要建立一支由专职教师、心理学相关专业教师、校外相关专家以及各院系负责学生心理工作的辅导员所组成的专兼职教师团队。学校要创造条件为这些教师提供参与专业培训或研讨会的机会，使专兼职教师能够根据心理素质教育工作的需要及自己的实际需求接受不同类型的培训，得到不断提升自己、学习充电的机会，从而培养一支既有较高心理素质教育专业知识，又有较强科研能力或心理辅导经验的专兼职教师队伍。学校要定期召开专兼职教师的心理素质教育工作交流会，及时总结推广各院系的好经验、好做法，或围绕教师们在工作实践中遇到的困扰，进行讨论和分享，不断提升心理素质教育工作的水平，从而提升广大学生的心理素质水平。

（三）学生层面

建立丰富多彩的学生组织，从网络和心理双重角度去营造良好的校园环境。大学生是大学教育的主体，这不仅要求一切教育活动都要以大学生为主，也要求调动大学生自我教育的积极性。近年来学生组织风生水起，活跃于校园的各个角落，学生通过这些组织展现自我、体验自我、体验社会，提高了社交能力和社会实践能力。认识到这一点，高校就要充分利用学生组织，将积极的心理态度渗透到不同类型的学生组织中，并通过这些学生组织，将网络世界和现实世界中的正能量传播开来，营造一个良好的校园环境。这种良好的校园环境在无形之中就会影响到大学生的日常生活和交往，引导他们更加理性地看待网络和心理问题。大学生心理素质教育的目的就是培养出更符合社会发展要求，促进社会发展的大学生，学生组织为大学生步入社会提供了更多的锻炼机会和提升空间，学校应该重视学生组织的建立和发展，利用大学生对新媒体的熟练度增强大学生心理素质教育工作开展的有效性。比如帮助学生组织建立网络实践平台，学校为其提供实践信息的同时，大学生也可以将自己了解到的、参与过的、比较好的实践活动信息发布到网上，让大学生可以自主选择感兴趣的社会实践，从而更好地发挥大学生社会实践的作用，提高大学生的综合素质。学生组织是学校进行心理素质教育活动不可忽视的重要保障力量，学生组织体现了大学生朝气蓬勃和奋发向上的精神状态，锻炼了大学生的实践能力和综合素质，是一个自我教育、自我学习、自我管理的组织系统。正是因为大学生组织具备的这些特点，才能够保障心理素质教育深入学生的内心深处，保障校园网络环境和校园心理环境的净化和升级。

（四）整体层面

学校要加强工作统筹，将心理素质教育纳入高校人才培养体系，与大学生思想政治教育、文化素质教育融合，努力把工作做深、做细、做实，增强心理素质教育效果。

1. 开展深度辅导

充分发挥院系辅导员、班主任的作用，对学生开展深入细致的访谈工作，形成学生全面覆盖、重点精细处理的工作网络，确保每名学生每年至少得到一次有针对性的深度辅导，为学生健康成长成才提供良好的服务。教师在进行访谈工作时，要了解学生当前的学习、思想及心理健康状况，精心设计访谈主题和目标，根据学生的性格特点，选取合适的交流方式有针对性地与学生谈心。通过深入访谈，解决学生的心理困扰，帮助学生解决学习生活中遇到的困难，及时发现学生存在的问题。

2. 心理素质教育与思想政治教育相结合

人的心理是客观现实的反映。大学生在学习和生活中，如果不能适应，遇到学业压力大、家庭贫困或就业困难的问题，而自己又没有足够的能力解决时，就会产生心理波动和情绪困扰；如果大学生存在人生目标缺失、没有上进心等问题，会有学业发展不顺利、求职就业困难、人际关系不良等情况出现，进而产生心理困扰。可见，生活中的实际困难、思想问题、心理困扰之间密切相关，都会影响大学生的心理健康。

因此，教师要努力帮助学生解决实际困难，如扎实开展深度辅导和学业辅导工作，提升学生的学习能力；做好学生资助工作，切实减轻大学生的经济困难；开展就业指导服务，给大学生提供更多的就业机会和就业信息等，解决学生存在的实际困难和问题；建立校领导接待日制度，经常召开各种学生代表座谈会，及时发现和解决学生遇到的各种问题；解决学生的思想问题，充分利用大学生的党课、班级主题活动等机会，发挥党员学生、班干部的积极带头作用，发挥班级心理委员的朋辈辅导作用，利用学生的积极力量去帮助学生，从而实现共同成长。

3. 整合教育资源

完善全员参与的工作体系，加强统筹，充分发挥学校各方力量，形成心理素质教育的合力。第一，辅导员、班主任是心理素质教育的骨干力量，要主动开展工作，对有心理困扰的学生进行疏导，或者建议学生去心理咨询中心接受心理咨询，及时筛查心理危机；第二，发挥任课教师的育人作用，关心学生的心理健康，重视学生的心灵成长；第三，充分发挥心理素质教育骨干的作用，开展院系、班级、宿舍的心理知识宣传和心理危机排查工作，形成心理危机预防及干预工作网络；第四，完善专任教师、管理干部、后勤人员参与心理素质教育的工作机制，形成人人关注学生心理健康的生态环境。

（五）物质保障层面

心理素质教育的开展离不开必备的物质条件保障，包括心理咨询室的软硬件保障、心理素质教育工作的经费保障等。

1. 硬件保障

心理咨询中心的硬件保障包括场地建设、环境要求、基础设施等。目前，各高校根据自己工作中的实际需求配备基本的设施及仪器，尚没有统一的国家标准。因此，有必要对高校心理咨询中心建设设置国家标准，规范心理咨询中心的建设工作。一方面，心理咨询中心应有专用场地，选址适当，心理咨询中心的使用面积要与在校生人数相匹配，根据各校实际情况设置个体、团体心理咨询区等。此外，心理咨询中心的周围环境应整洁、幽雅，内部环境温馨、舒适，让来访者有足够的安全感。另一方面，心理咨询中心要配备电脑、录音笔、电话、摄像设备、隔音设备等基础设备，以及根据需要配备音乐治疗椅等心理学硬件设备。

2. 软件保障

心理咨询中心的软件保障包括心理测评系统和档案管理软件、心理咨询教师资质要求等。

第一，心理咨询中心要配备科学的心理测评系统和档案管理软件，建立学生心理健康信息库及心理危机信息库，动态监控学生心理健康状况的变化，以便及时帮助有心理困扰及陷于心理危机的学生。心理咨询中心要有规范的档案管理制度及配套软件，以便对心理咨询面谈记录、热线咨询记录、心理危机信息库及危机干预记录、心理咨询效果反馈等档案资料进行及时整理归档。

第二，教育行政部门应明确规定心理咨询教师的任职资格。为了促进高校专职心理素质教育教师队伍的科学化和专业化发展，教育行政部门要针对心理素质教育教师制定从业标准和资格认定标准，包括对从业人员分别从基本资质、人格特质、专业基础、基本技能等方面进行评定，对已经从业的心理素质教育教师进行初级、中级和高级资格认定，这样才能建设一支高素质的高校专职心理素质教育教师队伍，保障高校心理素质教育工作的顺利进行。

3. 经费保障

根据教育部和各高校心理素质教育工作的建设标准，要按照每年每个学生的资助标准，设立专项经费，纳入经费预算，确保专款专用。学校要落实各项工作条件与保障，逐年增加心理素质教育专项资金，统筹继续教育经费，支持教师心理素质教育培训和学校心理辅导师认证培训等。此外，教育行政部门要按时对各高校的心理素质教育经费进行审核评估，以确保经费专款专用。

第四章 大学生心理压力及其应对

第一节 压力概述

一、压力的定义

压力是心理压力源和心理压力反应共同构成的一种认知和行为体验过程。

压力源是指引起压力反应的因素，包括生物性压力源、精神性压力源、社会环境性压力源。压力源的存在是产生压力的必要条件。但心理学所说的压力是人能够经历和体验到的压力，即人的内心冲突和与其伴随的强烈情绪体验。也可以说，是各种心理冲突和挫折及其导致的一系列消极情绪。压力反应包括以下两个方面。

（一）情绪反应

人们面对危险时的情绪反应是恐惧，面对胁迫事件的反应是焦虑，而面对分离或失落的情绪反应则是忧郁。

（二）身体反应

面对危险或胁迫所产生的身体反应为自主神经系统的警醒，这时常可见心跳变快、血压变高、肌肉张力增加以及口干的现象。而面对分离或失落时，身体的反应是感到疲倦，并且减少身体的活动。

二、压力的后果

现代心身医学理论认为，压力是影响疾病发生、发展和预后的重要因素之一，根据有关长期追踪研究报告估计，目前75%的疾病发生与心理压力有关。不仅如此，处于严重压力状态的病人，其病情会加重，严重影响其预后。可以说，压力影响个体的各个方面。

心理压力与生理健康：心理状态失去平衡，自身调节能力下降，导致生理功能紊乱，例如内分泌功能障碍、免疫功能下降，使躯体疾病易感性增加，或者加重原有的疾病，包括能促进肿瘤的生长。

心理压力与心理健康：处于较长时间的高水平警觉状态，导致情绪振荡、焦虑不安、心烦意乱、内心痛苦、失眠、注意力分散、思维不清晰、判断能力下降、工作效率降低，使个体对外界压力的应激能力普遍下降。

心理压力与社会文化：维持原有的人际关系困难，获得社会的支持资源减少，对生活的观念和态度也随之改变，自觉前途黯淡、希望渺茫。

当个体出现这些严重的应激反应时，如不能及时、有效地应对或正确地处理，则应激反应更加严重，加重心身额外负担，削弱机体抵抗力，使相关组织器官出现病理性改变，最终可导致多种疾病的发生，我们称为"心身疾病"。

三、压力系统的形成及其相互作用

从压力源的形成来看，与之相关的主要有三个系统：社会环境系统、生理系统和心理系统。社会环境系统主要包括家庭、学校和社会，这是大学生生存的外在环境系统，无论是家庭的变故，还是学校和社会竞争的加剧，都会产生巨大压力，导致大学生的身心出现紧张状态，失去原有的某种稳态。生理系统，是指生物有机体的自我调节和自我防御系统。生物有机体都有一种先天的驱动力，用以保持体内的平衡状态。病菌和过度工作，均可能成为破坏这种稳态的应激源，而抵抗应激的能力则除了依赖于面临危机时所使用的策略，还依赖于有机体贮存的有限的适应能量，以及个体遗传有关的生理趋向因素。心理系统，是指个体内在的认知模式和意识系统。人们感知和评价事件，贮存有关的经验信息，并且通过不同的方式提取和使用这些信息，而所有这些对于如何影响新环境，对于应激唤醒以及应对策略的采用是很重要的。

此外，社会环境系统、生理系统和心理系统三者之间是相互影响、相互联系、相互渗透和相互制约的，它们诱发的各种压力，又以一定的方式和结构形成一个特定的压力系统。

在压力系统中，各种不同的压力之间往往相互影响、相互转化，甚至转移到无关紧要的事物上，从而产生新的压力。压力和焦虑会给心理功能施加紧张，如果使用弗洛伊德的术语，结果就会表现出"日常生活的精神病理学"。这就是通常所说的转化，即把冲突性的想法转变为一种没有害处的东西的过程，其中核心的部分是把来自冲突的能量转变成一种心理症状。

四、大学生的挫折与压力的积极应对

每个人的人生就犹如一片茶叶，只有在艰难险阻中沉浮，在痛苦辛酸中磨砺，才能真真实实地体味到生活的滋味和魅力。大学生们更需要在一次次的沉浮与磨砺中学会应对挫折，让生命不因为挫折而黯淡消沉，反而变得更加光彩照人、芳香四溢。

（一）冷静面对，认知上客观评估

1. 管理情绪，提高情商

首先，学会觉察和接纳自己所面对的挫败情境，以及由于挫折带来的一系列负面情绪，如焦虑、忧郁、自卑等。其次，要对自己的负面情绪负责，通过认知、行为、注意力转移等方式努力调节，学会冷静坚忍地对待挫折，不能将失败的打击作为自我放纵和任性的理由无限度地发泄情绪，否则偶然事件产生的负面情绪会逐渐泛化到其他类似的情境中，造成学习、人际交往的情绪障碍，带来更多的挫折情境。

2. 正确归因，积极应对

遭受挫折后，个体通常都会对挫折情境进行主观分析与评价，其中个体的归因方式会深刻影响其挫折体验，习惯外部归因的人认为行为结果是受外部力量，比如运气、机会、环境、命运等无法预料和支配的因素控制，面对挫折感到无能为力、束手无策，从而不敢也不能尽自己最大的努力去克服困难。倾向内部归因的人，认为行为结果是由自身的能力、特质以及努力程度决定的，一旦失败将结果归咎于自己，过多自责，失去自信。因此，理性地应对挫折，需要大学生在遭受挫折后，冷静分析，既能看到失败的外部客观原因，又能看到内部的主观原因，对造成挫折的本质原因实事求是地进行认识和评估，找出失败的症结所在。只有如此，才能从自身实际出发，用切实行动去转变挫折情境、扭转局面。

（二）接受挫折，行为上寻求补偿

1. 强化自己的优点

个体受挫后会意识到自身某些方面受到了限制，积极地应对需要个体首先学会发掘出自己身上存在的另外一些方面的优势，然后逐一用笔记下来，并划分类别，包括他人的赞美认可，对过去曾胜任、现在胜任的事务的整理等，从中发现优点所在，并在生活中多尝试类似的事情，体验发挥优势后的成就感，强化优点，重新树立起逾越挫折的勇气与信心。

2. 寻找榜样人物

寻找佩服、敬仰的模范榜样作为人生楷模，无论是世界伟人、发明天才还是影视明星，可以通过看人物传记、进行人物经历访谈等方式，了解这些人成功背后所经历的故事，体会榜样人物经历类似挫折时的心境，寻求心理上的自我认同。同时，从成功人物的挫折经历中汲取人生智慧和挑战困难的勇气，以他们的顽强执着勉励自己，为达到目标而不懈奋斗。

3. 培养某方面兴趣

了解心理需求，有针对性地培养一两项兴趣，当经历挫折、心情低落和烦躁时，可以通过感兴趣的事物缓解情绪，可以通过认真投入地做一件事体验到生活乐趣，这些会在一定程度上转移受挫后的阴霾，使人重新寻找到生活的乐趣和前进的动力。

（三）培养耐挫力，提高挫折的心理适应能力

1. 树立正确挫折观

树立正确的挫折观需要真正认识到，挫折本身就是每个人生活中不可避免的一部分，随时随地都有可能发生，人的一生就是不断战胜困难、化解挫折从而获得发展的过程。挫折对于每个人来说，既是危机也是转机，既是绊脚石也是垫脚石。大学生要时刻做好面对挫折的充分心理准备，一旦面临挫折危机，处于难以挽回、不可抗拒的情境中，要能面对现实，顺应环境；若还有希望就要努力寻找突破的转机，将挫折作为通向成功的垫脚石。

2. 建立支持系统

建立和谐的人际关系、营造自己的情感社会支持系统，对于提高挫折的心理适应力意义重大。大学生受挫后如果能得到亲朋好友的及时帮助，得到适当的安慰、关心、支持，就能有效地缓解受挫后的心理压力和不良情绪。另外，当大学生受挫后陷入各种不良情绪难以自拔时，需要寻求心理咨询师、心理治疗师的专业帮助，通过心理咨询师的引导，校正主观认识，发挥内在潜力，唤醒自我成长的内驱力，积极培养对挫折的耐受力。

（四）培养排挫力，积极突破

生活中挫折不可避免，但并不代表所有的挫折都不可逾越。因此，大学生不仅需要良好的耐挫力，勇于承受、忍耐挫折带来的痛苦，而且需要一定的排挫能力，用人生智慧和顽强意志化解困境；不仅需要良好的心理素质，及时调整受挫带来的打击，而且要求大学生具备良好的思维能力，分析目标行为受阻，或者行为结果失败的具体原因，继而改变行为方向。所谓"条条大路通罗马"，大学生需要积极地改变对挫折事件的原有预期，学习该领域有类似经历的成功者的经验，了解外界环境的状态与变化等，综合所有搜集到的信息重新树立目标，根据目标来制订各种方案，在经历了挫折重新出发后，不断尝试各种方案，终能抵达心目中的"罗马"。

第二节 情绪技能

一、大学生情绪的特点

（一）情绪体验强烈，易冲动和爆发

大学生的情绪表现快而强烈，喜怒哀乐一触即发，一旦被激发，来势猛烈，犹如暴风骤雨，带有很大的冲动性和爆发性。

这种特点使得大学生的情绪整体上表现出积极向上、热情洋溢、朝气蓬勃、

富有激情的特点，可因一点小事而振奋不已、豪情万丈。但同时，也可能因为一点小矛盾或挫折而大怒、敌对或仇视。这些负面情绪一旦被激发，往往难以自控，容易感情用事、盲目冲动、走极端，给自己及他人带来麻烦或伤害，事后又懊悔不已。

（二）情绪体验丰富，易波动和弥散

与中学时期相比，大学生的社会活动范围进一步扩大，认知水平有所提高，自我意识不断成熟，自我体验丰富多彩，人际交往的广度和深度都有所增加。但与进入社会的成年人相比，大学生对事物的认识尚不稳定、全面，人生观、价值观尚未完全定型，这使得大学生情绪体验呈现出丰富多变的特点，起伏波动大且易弥散扩大。

大学生相对敏感，情绪不稳定，起伏波动大，容易从一个极端滑向另一个极端，有明显的两极化特征。"喜怒哀乐无常，阴晴雾雨变化"是大学生情绪常见的现象，风平浪静之后可能就是疾风暴雨。高兴时忘乎所以，看什么都顺眼；消沉时心灰意冷，看什么都碍眼；兴奋激动时如火山爆发，激情四溢；忧郁时郁郁寡欢，甚至失去活下去的勇气。

大学生情绪还有较强的弥散性。一种情绪一经产生，往往会在不自觉中超越最初的对象扩散开来，使整个内心世界都蒙上了同一种情感的色彩。同时，大学生的情绪还容易从一个人弥散至另一个人，例如好友失恋时情绪极其低落，自己也觉得不愉快，而如果和三五知己聊天谈心，被他们的快乐情绪感染，心情也就舒畅起来。

（三）情绪体验深刻，常矛盾和压抑

大学生面临着学习、恋爱、择业等人生重大选择，常常会呈现出一种矛盾和复杂的情绪状态。例如希望独立自主，但又在很多方面缺乏独立自主的能力，不得不依赖他人；渴望得到他人理解，结交朋友，又不愿意敞开心扉接受他人等矛盾心态。

对于内心的矛盾和愁闷，很多大学生觉得无人理解、无处倾诉，便深深藏在内心，压抑起来，久而久之，就形成一种压抑感，连自己也不知道这种压抑源于何时、何事，只觉得有一种不满、烦恼、空虚、孤寂。如果内心的压抑在现实中找不到有效的宣泄途径或方式，有些大学生会转向书籍、音乐或网络中某种程度的共鸣或满足。但过于沉溺于书籍或网络，反过来会使内心更加压抑和烦闷，不利于心理健康。

（四）情绪体验独特，既外显又内隐

大学生的认知水平和自我意识不断发展成熟，内心体验深刻而独特，喜怒哀乐常形之于色，情绪表现相对直接而外露。但大学生情绪的外在表现和内心体验并不总是一致的，在某些特定的场合或问题上，很多大学生会刻意隐藏或抑制自己的真实情感，表现出含蓄、内隐的特点。

随着大学生社会化的逐渐完成和心理逐渐成熟，他们已具备在某些情境中压抑、控制真实情绪，并将其掩饰起来的能力，能够根据特有条件、规范或目标表达情绪，使外部表情与内部体验不一致，例如有的学生对异性萌生了爱慕之情，却表现出无所谓的态度甚至故意贬低、冷落对方；对某事或对某人明明是厌烦的，但由于种种原因，可能表现出较好的或不在意的态度。这种内隐性的特点无形中给相互交流带来障碍，尤其是对大一新生，因此觉得大学里的人很"假"，继而惆怅大学里还能不能交到真正的朋友。

二、情绪管理的策略与方法

情绪管理是对影响情绪变化的内部（包括个体自身的情绪反应）和外部因素进行动态调整的过程。因此情绪管理的基础是要了解当时的感受，认清引发情绪的缘由，才能对各种内外部因素进行有效的调整。情绪管理可以分如下三个步骤进行。

（一）觉察自己真正的情绪

情绪管理的第一步是要觉察情绪、恰当表达，并且接纳情绪。只有认清了自己的情绪，才可能进行调节和控制，而不是被情绪左右。

虽然情绪是一种内心体验，但并不是每一个人都能很好地觉察到自己即时产生的情绪。每个人对情绪感知的程度各不相同，从低到高可分为八个等级：麻

木、身体感觉、原始经验、语言障碍、分辨、起因、同理心、互动。

1. 探索自己当下的各种情绪

找一个独处的时间和一个安全的空间,大声把内心的任何感觉毫无保留、不加限制地说出来。甚至可以尝试用戏剧化的方式夸大情绪、表现出来。还可以在探索自身情绪的过程中不断丰富这种情绪表格,我们的情绪感知能力也随之而提高。

2. 区分各种情绪的强度

人在某一时刻的情绪状态是非常复杂的,总是包含着多种情绪体验,各种情绪体验的强度不尽相同,有的很强烈,能让人明显感觉到,有的却不那么强烈,需要细细品味或静静体会才能察觉到。这时有必要对各种情绪的强度进行区分。情绪强度指示器可以帮助我们区分各种情绪体验的强度。

3. 接纳你产生的任何情绪

对于觉察到的情绪,尤其是负面情绪,更恰当的做法是抱着"存在即合理"的态度,允许并接纳这些情绪的存在。人能直面自己的负面情绪,并允许自己去认识、体验这些情绪,那么在内心就已经得到了一定程度的释放。在此基础上,人才能做到对这些情绪的主动调控。

(二)寻找引发情绪的源头

情绪总是由某种外界刺激引发的,但是,同样的刺激在不同的人身上引发的情绪却不一定相同。例如同样是家庭贫困,有的人因此而自卑、自我封闭,有的人却以此为动力,自立自强,努力超越贫困。人们之所以会有强烈及不适当的情绪,并不是由外界刺激直接引起的,而是由于个体对该刺激不理性的认知、解释或评价,即个体的信念所引起的。非理性信念有很多种,认知心理学家 A. T. 贝克(A. T. Baker)对其进行归纳和简化,总结出了非理性信念的三个特征。

1. 绝对化要求

绝对化要求是指个体以自己的意愿为出发点,认为某一事物"必须""应该"发生或不发生的信念。人不可能在每一件事情上都获得成功。周围的人或事物的表现和发展也不可能随他的意愿而改变,因此绝对化要求往往难以实现。当某些事物的发生发展与他对事物的绝对化要求相悖时，他就会感到难以接受和适应，从而陷入情绪困扰之中。

绝对化要求还表现为对事件持一种非黑即白的绝对化思维，坚持不现实的标准，认为自己达不到这个标准就是失败。例如很多学业优秀的大学生给自己定下了"专业第一"的学习目标，但第一的位置永远都只能有一个人，剩下的便只能徒自悲伤。这种思维方式导致完美主义，害怕任何错误；容易使人钻牛角尖，变得思维狭隘、视野狭窄，产生一些不必要的烦恼。

2. 过分概括

一种以偏概全的不合理的思维方式，根据个别细节或一两件事来评价整个事物或人的价值，导致对事物、自己或他人不合理的评价。例如很多大学生在一次失败的考试之后一蹶不振，认为自己"一无是处""毫无用处"；还有的男大学生，在一次表白被拒绝之后便认为自己"不讨女孩喜欢，没有女孩会喜欢自己"。这种片面的自我否定往往会导致自卑自弃、自责自罪的心理以及焦虑和抑郁等情绪。这种负面评价如果是指向他人，就会戴着有色眼镜看人，一味求全责备，容易产生愤怒和敌意的情绪。

3. 糟糕至极

认为某一件事情发生了或未发生，其后果非常可怕、非常糟糕，甚至是灾难化的非理性观念。一旦遇到比较糟糕的事情，很容易陷入极度的负性情绪体验中。让很多大学生为之焦虑、紧张、极度郁闷甚至发生心理障碍的事情，其实大部分都不是大事，但之所以会引起严重后果，很重要的原因就是当事人的灾难化思维，认为这些事情一旦发生，自己将"无脸面见人，没有生活的意义，失去了继续生活的勇气"等。

个体的非理性信念根源于成长过程中父母、环境的不良影响，个体内化了许多导致自我挫败的非理性想法或观念，进而影响了个体的思考方式及感受方式。但是，个体同样有能力学习理性思考，改善情绪与行为的状况。

（三）选择有效的处理方法

一个人的情绪状态的整体基调如何，并不取决于他遇到的负面情绪多少，而是与他对待这些情绪的态度，以及他是否能有效应对这些情绪有关。

1. 提高升华法

提高升华是指当个人欲望或需求因各种原因或条件限制不能实现时，将原有的内部动机转化为社会性动机，以社会可以承认、接受、允许的方式，去追求更高的目标，获得新的更高级的精神满足。也就是说，将情绪激起的能量投射到战胜挫折，或者有利、有益于社会和个人成长的活动中去，使其具有建设性和创造性。这是一种最为积极的情绪自我调节控制方法，是最有效的情绪宣泄方式。司马迁受辱发奋写《史记》、孙膑受打击著兵书、歌德因失恋创作《少年维特之烦恼》等，都是情绪升华的生动事例。在现实生活中，一个犯错误的学生用洗刷污点、勤奋学习的形式来创造美好未来；一个学习、生活、恋爱上受过挫折的人把痛苦转化为对事业的执着追求；具有严重进攻性特征的人将精力转向热爱各种体育项目等，这些都是有意义的升华。

2. 合理宣泄法

心理学研究表明，情绪的产生能刺激体内产生能量，如极度愤怒可以使之处于应激状态，消化活动被抑制，糖从肝脏中释放出来，肾上腺素分泌增多，血压升高，体内能量处于高度激活状态。这种聚集在体内的能量如果不能被及时疏泄，长期积压会形成"情结"。

精神分析学家认为，情结是一种被压抑在潜意识中的愿望或不快的念头，在意志控制薄弱时会以莫名其妙的不安感或症状表现出来，形成一种情绪障碍或变态心理。因此，为了降低精神上的过度紧张，避免产生因心理因素而出现的疾病，很有必要将受到较大挫折后积压在心头的痛苦、愤怒、悲伤、烦恼等紧张情绪发泄出来。当然，这种发泄不能毫无顾忌、不择手段、为所欲为，必须合理地控制在既能缓解紧张情绪，又不致使他人受到伤害的范围内。这种有节制的发泄被称为合理宣泄。如何宣泄情绪呢？

（1）诉说

诉说即将自己的情绪用恰当的语言坦率地表达出来，把闷在心里的苦恼倾诉出来，把所受的委屈全摆出来。这样，当事人双方能增进了解、冰释前嫌，减少矛盾和冲突。对所信赖的人表达情绪，既可得到同情和理解，又能求得疏导和指导，即所谓"一个快乐由两个人分担，就变成了两个快乐；一个痛苦由两个人分享，就变成了半个痛苦"。这有利于矛盾的解决。

（2）哭

若遇到意外打击，产生较大的悲伤、愤怒、委屈时，也可以用痛哭的办法宣泄自己的情绪。生理学家经过化学测定发现，人因情绪冲动流出的眼泪能把体内精神受到沉重压力而产生的有关化合物发散出来并排出体外。因此，人们在痛哭之后总会感到舒适轻松一些。另外，情绪本身有一种自我调节的机制，情绪表现的过程也就是情绪缓解的过程，表现越激烈，缓解越充分。一旦情绪缓解之后，因情绪紧张而带来的感觉、记忆和思维障碍也就自行消退。这样便可以较客观地感知外界事物，恢复有关的记忆，冷静思考、寻找挫折的原因和解决问题的方法。

（3）行动

在无对象诉说或不便于痛哭的情况下，也可以面对着沙包狠揍一通，或找点体力活猛干一阵，或到空旷无人的旷野引吭高歌、呐喊，同样能借此释放聚集的能量，缓解情绪，达到宣泄的目的。

3. 转移注意法

在某种情绪影响自己或将要影响自己，而自己又难以进行控制时，对这种情绪不予理睬，并将注意力转移到其他有益的方面去，这种情绪调节方法称为转移。按照条件反射学，在发生情绪反应时，会在大脑皮层上出现一个强烈的兴奋灶，此时如果另外建立一个或几个新的兴奋中心，便可以抵消或冲淡原有的兴奋中心。也就是说，人在注意某一事件时，这事件才会对人产生影响。当人把注意力放在其他事情上时，原来的事件对人的影响就会降低或消失。

转移有积极和消极之分，积极的转移是转而从事某些能产生积极情绪的活动，如旅游、做手工艺品、看电影、听音乐、做运动等；消极的转移是转而抽烟、喝酒、上网打游戏、睡觉等，这些活动不但不能产生积极的情绪体验，反而会引发更多的问题。

4. 语言暗示法

一个人为不良情绪所压抑的时候，可以通过言语的暗示作用来调节和放松情绪。例如一些容易爆发激情的学生要经常提醒自己不要遇事激动。林则徐写了张"制怒"的条幅挂在墙上，就是为了自我警戒。还有的同学陷入忧愁时，提醒自己"忧愁没有用，于事无益"。当有较大的内心冲突和烦恼时，可以用"不要怕、不着急、安下心来、会好的"等语言给自己鼓励和安慰。只要是在松弛平静、排除杂念、专心致志的情况下进行这种自我暗示，往往对情绪的好转有明显的作用。

5. 压抑遗忘法

压抑是指对一些既无法升华又不能转移的不良情绪，用意志的力量将它们排出自己的记忆予以遗忘，来保持心理的平衡。例如由于误会遭到他人无端的猜疑、打骂或侮辱，既不能报复，又无法补偿；因为过错受到心仪爱慕的异性同学的耻笑，既不便解释，又无法转移。这些因人为因素造成的挫折会使人的情绪更加愤怒、沮丧。若总是郁积于心、挥之不去，这种情绪会不断蔓延，日益加重。在这种情况下，压抑遗忘就不失为一种缓解情绪的有效方法了。挫折被暂时遗忘，便暂时达到了心理平衡，挫折被永远遗忘，因这种挫折而产生的不愉快的情绪体验便会消失。在发生重大挫折时，人们往往力图变换环境，离开或改变产生挫折的情境，有利于遗忘所受的挫折，或者随着时间的推移，所受挫折产生的情绪逐渐减弱、消失。不过，压抑不是消失，受挫后的痛苦体验只是一时潜伏，或者说，由意识的境界转入潜意识的境界，只是在意识之下，而不是在意识之外，一旦被重新认识，仍可能重新唤起力图遗忘的记忆。从心理健康的角度分析，压抑是必要的，一定的压抑可以免受各种挫折和痛苦，维持心理平衡。但压抑也有一个限度，压抑过久或过度，又会引起各种心理疾病。因此，对于无法压抑的情绪要以符合社会行为规范的适当方式宣泄出来，如无端受辱可以去法庭起诉，使犯罪者受法律的制裁等，以此达到心理平衡。

6. 幽默缓冲法

高尚的幽默是情绪的缓冲剂，是有助于个人适应社会的工具。当个体发现某种不和谐的或于己不利的现象时，为了不陷入激动状态，最好的办法是以超然洒脱的态度及意味深长的语言、表情或动作，用诙谐的手法机智、巧妙地表达自己的情绪。这样做往往能使紧张的精神放松，解放被压抑的情绪，避免刺激或干扰，摆脱难堪窘迫的场面，消除身心的某些痛苦，调节和保持身心健康。研究表明，幽默可以冰释误会、活跃气氛、缓和难堪、减轻焦躁，可以使陌生者相识、怀疑者释疑、戒备者去戒心，可以使人心情开朗舒畅、精神愉快振奋，驱除疲劳、排除忧虑、解除烦恼、充满信心。

7. 转换视角法

换个角度看问题常可使人从负性情绪中解脱出来，保持心情舒畅。比如说，有的学生拼命用功，却没考上大学，便心灰意冷，觉得前途渺茫，如果这样想下去，就会越想越悲观失望。如果换个角度去想就会心情舒畅：吃点苦、受些挫折对自己有好处，何况自己还年轻，可以从零开始，一切从头来，年轻就是一笔巨大的财富。

8. 自我放松训练

无论是哪种克服负性情绪的方法，最终的目的都是为了使身心放松，使生理和心理活动趋于平衡。

放松的方法很多，有深度呼吸训练、肌肉放松训练、静心反思、生物反馈、意象训练等，下面介绍五种放松训练的实施方法。

（1）静坐与冥想

有时，你可能觉得思维很混乱，一会儿想到家里，一会儿想到吃饭，一会儿又想到刚才发生过的事情。每个念头之间似乎没有什么联系，从一个想法一下子跃到了另一个毫无联系的想法，心情也因此而很烦躁，不能专心地做事情。这是大脑在提醒你，该平心静气地休息一下了。此时，你可以收心摄念，做下面的训练（最好是闭上眼睛）。

先静下心来，反观一下现在自己在想什么。注意出现在头脑中的每一个想法。一个想法出现了，不要去理它，看它到哪里去。这时，你会发现，你不理它时，它自己就悄悄地消失了。一瞬间，你就感觉到头脑中很空、很静，也不要去管它，随它来。瞬间一过，又一个念头出现了，这时，你还是似注意似没有注意地对待它，自然而然地，它也会像前一个念头一样一闪即逝了。你就这样去注意每一个念头，但不能有意地去捕捉它们。慢慢地，你就会发现，这些念头像行云流水一样，从面前一闪而过，不知道飘到哪里去了。这样随想几十分钟，慢慢地睁开眼睛，你会感觉到眼睛比以前明亮多了，思路也清晰多了，思维更敏捷了。这时，你就可以去做想做还没有做完的事情了。

（2）深度呼吸训练

这种训练方法简便易行，不受场所、时间等条件的限制，行、坐、站、卧都可以进行，目的是通过深度呼吸，使身体各组织器官与呼吸节律发生共振，进而达到放松的效果。

（3）自我暗示

自我暗示可以用来调节局部紧张，也可以用来缓解全身各部位的紧张。它不仅对紧张起作用，对其他的情绪问题也同样起作用，并对生理疾病有一定的疗效。采用自我暗示法要注意以下几个方面：①语言要简洁，不多于 5 个字；②暗示的语言要积极、肯定，千万不要采用消极、否定的暗示语言；③暗示时，运用的意识要温和，不要带强制性；④暗示后，就不要再去想暗示语了，过一段时间重新进行自我暗示；⑤每次暗示时，暗示语重复 3~5 次为最佳；⑥在一段时间内，最好只用一种暗示语或某一个特定的暗示语。

（4）肌肉放松训练

肌肉放松训练是通过从头到脚的一步一步放松，并结合自我暗示，达到消除紧张、调节精神状态的目的。

（5）意象训练

意象训练的基本原理就是通过想象轻松、愉快的情境（如大海、山水、瀑布、蓝天、白云等），达到身心放松、情绪舒畅的目的。意象训练的效果取决于想象的生动性和逼真性，想象越清晰、生动，放松的效果就越明显。意象训练法不仅能消除疲劳、恢复精力，长时间坚持意象训练，还可以达到开发智力的效果。在进行意象训练时，你可以想象某一个特定的情境，也可以像旅游一样，从一个地方到另一个地方逐一想象，采取何种方式要看哪种情况更适合你。

第三节　读懂情绪的语言

一、情绪的内涵

情绪，是对一系列主观认知经验的通称，是多种感觉、思想和行为综合产生的心理和生理状态。最普遍、通俗的情绪有喜、怒、哀、惊、恐、爱等，也有一些细腻微妙的情绪如嫉妒、惭愧、羞耻、自豪等。情绪常和心情、性格、脾气、目的等因素互相作用，也受到荷尔蒙和神经递质影响。无论正面还是负面的情绪，都会引发人们行动的动机。尽管一些情绪引发的行为看上去没有经过思考，但实际上意识是产生情绪重要的一环。

二、情绪的表现

大学阶段是人生的第二个"心理断乳期"，是一个非常关注自我、注重个性表达、情绪体验丰富、情绪波动起伏的时期。大学生常见的情绪有焦虑、愤怒、抑郁、恐惧、自卑、快乐、内疚、悲伤、冷漠、蔑视、厌恶等。情绪本身是人类正常的情感表现，不良情绪的具体表现为情绪反应过度、情绪反应不足，以及情绪不能接受或难以控制三个方面。情绪反应过度有愤怒、焦虑及应激状态，情绪反应不足有抑郁、冷漠等状态。

（一）焦虑的表现

焦虑是指一种缺乏明显客观原因的内心不安或无根据的恐惧。预期即将面临不良处境的一种紧张情绪，表现为持续性精神紧张（紧张、担忧、不安全感）或发作性惊恐状态（运动性不安、小动作增多、坐卧不宁或激动哭泣），常伴有自主神经功能失调表现（口干、胸闷、心悸、出冷汗、双手震颤、厌食、便秘等）。心理学家认为焦虑有两种类型。

一种叫状态性焦虑。由于某一种情境而引起的焦虑，情境改变时，焦虑随之消失。但有时某种情境很特殊，产生的焦虑十分强烈，有可能产生短暂的人格变化。另一种叫特质性焦虑。由于一个人的人格特点与众不同，在相同的情境中，情绪反应的频度和强度也与众不同。例如在与陌生人相处的时候，有的人就会出现这种特质性焦虑。

焦虑的症状有轻、有重，也有形式不一样的表现，常见如颤抖、肌肉紧绷、坐立不安、战战兢兢、易受惊吓、烦躁、心悸、胸闷、冒冷汗、口干、头晕，严重的甚至强烈到以为自己要死掉或失控，恐慌发作就是其表现。

（二）抑郁的表现

抑郁是一种感到无力应对外界压力而产生的消极情绪，常常伴有沮丧、痛苦、羞愧、自卑等情绪体验。对大多数人而言，抑郁只是偶尔出现，且时间短暂，时过境迁会很快消失，但若长期处于抑郁状态就容易导致抑郁症。学业或事业失败、失恋、人际关系不和谐等生活事件都能诱发抑郁。当一种无助感、无希望感、瘫痪状态稳定存在时，抑郁症就出现了。精神分析学派的学者认为，抑郁反应是机体克服暂时无助感的一种标志，当其失败了，则会有临床意义上的抑郁症。悲伤和抑郁状态从现象上看是相似的，但是悲伤不包含自责，而自责在抑郁患者中却很突出。抑郁中的人在认知上会觉得自己没有价值、不如他人、做得不对、缺乏能力、得不到帮助，对事情持悲观看法，对未来感到失望，对环境则有不满、厌恶的想法；在行为上有哭泣、动作缓慢、社交退缩甚至有自我伤害等表现；在生理上还常有胃口变差、睡眠困扰、疲倦、体重骤增或骤减等症状。

（三）愤怒的表现

愤怒，既是人类的原始情绪之一，又是根据情绪性质而划分的一种类型，还是人受到挫折后的情绪表现之一。它是由于外界的干扰而使愿望受到压抑或妨碍目标的实现，造成紧张积累所产生的一种情绪体验。愤怒存有不同的程度，从弱到强依次是：轻微不满—生气—愠—怒—忿—激愤—大怒—暴怒。愤怒的程度取决于干扰的程度或次数、挫折的大小以及被意识到的程度。研究表明，人在愤怒时，意识范围会缩小、考虑问题会偏激、主观化严重、自控能力下降。愤怒时的无节制地发怒或压抑愤怒均为不适应的情绪反应，是不利于建立良好而稳定的人际关系的。

（四）恐惧的表现

"惊弓之鸟"的故事我们都耳熟能详，飞鸟因为之前被弓箭射伤未愈，当再次听到弓声的时候便应声而落。就人类而言，因为曾经有"吓破胆"的经历，而在往后类似刺激下动辄"闻风丧胆"、信心崩溃的，绝对是屡见不鲜。这就是通常所说的恐惧情绪。主要表现是生理组织剧烈收缩（正常情况下是收缩伸展成对交替运行）；人体组织密度急剧增大；能量急剧释放，并伴随着逃避愿望的情绪反应。严重者出现激动不安、哭、笑，思维和行为失去控制，甚至休克。

三、情绪的功能

（一）动机的功能

情绪与个体的需要是否得到满足有关，而需要是行为动机产生的基础和主要源泉，情绪具有动机的作用，能唤起个体的某些行为，继而引导并维持行为，排除前进中的障碍，直到达到特定目标。如惊慌时避开引起惊慌的危险物，愤怒时对引起愤怒的对象进行攻击。

有研究发现，情绪对行为的调节效果与情绪兴奋的水平有关。对于简单的活动，较高的情绪兴奋水平会带来较高的活动效率；中等难度的活动，则需要中等水平的情绪兴奋，才能带来较高的活动效率；困难或复杂的工作，相对较低的情绪兴奋水平会带来较高的活动效率。

（二）信息的功能

从进化的角度来看，情绪最根本的意义在于适应。情绪是机体的再调整，具有帮助人类适应环境的价值。例如当有机体的活动受到严重阻碍时会产生愤怒情绪，这时，机体会对自身身心状态再做调整，动员更多能量，帮助人克服障碍。

在现代社会，情绪的适应功能主要表现在社交活动中传达信息或信号。情绪主要是通过外在表现形式——表情来实现这一功能的。面部表情、言语表情和身体姿势等都可以显示个体的情绪状态。人们通过表情体态传达自己的愿望、需求、态度，使情绪体验更易于为他人所感知，同时也可以通过对他人表情的观察和体验了解他人的态度和意愿。

当然，人的心理活动是非常复杂的，有时不能完全根据表情和动作确切地判断一个人的内心体验，因为人能控制情绪体验及其表现。例如一个人可以把恐惧、惊慌的心情隐藏起来，装作若无其事的样子。而且人的情绪体验错综复杂、细腻多样，有时不易被人一下辨认清楚，例如苦闷和绝望、忧伤和悲痛、默许的微笑和否定的淡笑，就不容易一下辨认清楚，这要根据当时的客观情境，仔细地观察了解。

（三）组织的功能

情绪对知觉、注意、记忆、思维等心理活动具有组织作用。积极的情绪能有效调节和组织其他心理活动，消极情绪则会干扰或破坏其他心理活动。

情绪会影响个体在认知和思维过程中对信息的选择和加工。例如对于感兴趣或喜欢的事物，人们很容易就会注意到，也更容易记住，但对于厌恶或不感兴趣的事物，却往往忽略，记起来也很吃力。最新研究发现，个体在相同情绪状态及身体姿势下记住的东西更容易回忆起来，身体姿势也会影响回忆。

第五章
互联网视域下的大学生心理健康教育

第一节 互联网视域下的大学生心理健康

一、大学生互联网心理健康理论

网络之所以受到心理健康教育的青睐，在于它的某些特性在现实世界中是难以达到的，而又是心理健康教育极力追求的，即网络的某些特性满足了心理健康教育的要求。同时，网络对心理健康教育理念、内容、方式带来了挑战，网络导致受教育者产生复杂的心理问题，增加了教育者开展心理健康教育的难度。因此，加大网络环境下高校心理健康教育的研究力度是十分必要的。

（一）网络心理健康教育

1. 网络心理健康教育概念的界定

真正的思想和科学的洞见，只有通过概念所做的劳动才能获得。对网络心理健康教育的研究应当首先从界定"网络心理健康教育"这一概念开始。所谓网络心理健康教育，实际上具有两种内涵：一是网络环境下的心理健康教育；二是基于网络的心理健康教育。前者是对网络心理健康教育的广义理解，提出的问题是在网络化的社会环境下，传统的心理健康教育从理念到内容、方法、途径与运行模式如何发展、如何创新，是关乎心理健康教育全面体系的构建问题；后者是对网络心理健康教育的狭义理解，提出的问题是把网络作为心理健康教育的新阵地、新工具、新方法，用以加强和改进心理健康教育，是关于心理健康教育局部体系的构建问题。从网络心理健康教育的具体实践看，以上两种理解涉及的问题交织在一起；从网络心理健康教育的理论研究看，以上两种理解处于不同层次，网络心理健康教育的广义理解是狭义理解的基础和前提，两种理解定位的理论研究缺一不可。因此，网络心理健康教育正是广义和狭义的统一。

网络心理健康教育是一个开放的、动态的概念，应从五个方面去认识其内涵：网络作为心理健康教育的工具，网络作为心理健康教育的环境，网络作为心理健康教育的资源，网络作为心理健康教育的内容，网络作为心理健康教育的系统。学者对网络心理健康教育的科学界定有助于我们更好地把握其实质。在网络心理健康教育中，首先，网络是心理健康教育的一种新工具、新手段，网络的各种新技术为心理健康教育提供了许多方式和途径；其次，网络也创造出一个不同于现实社会的虚拟社会，这个虚拟社会不仅为心理健康教育搭建了一个平台和环境，提供了丰富的信息资源，而且对传统制度化教育的各个要素产生了深刻的影响，即教师权威由单极化向多极化发展，学生的个体中心地位彰显，其主体意识得到前所未有的增强等；最后，网络作为一种新兴的技术也是一把"双刃剑"——尽管网络在某种程度上可以减轻人们的心理压力、增强人们的自信心（如宣泄情绪、发挥个人创造性等），但它也会直接导致和诱发许多心理问题，所以，网络本身应成为心理健康教育的重要对象和内容。

网络心理健康教育是在传统心理健康教育基础上发展起来的，而传统心理健康教育首先应是一种教育理念，是渗透在所有教育活动中的一种教育信念和态度；心理健康教育又是由一系列具体的教育活动构成的教育工作。这一本质必然反映到网络心理健康教育的本质中来。同时，因为网络心理健康教育是以网络为媒介的，所以网络的本质也必然会反映到网络心理健康教育的本质中来。网络的本质是人与人之间一种开放的联系。心理健康教育的内涵是着眼于有意识、有目的地促进人的心理发展，关注和建构人的心理生活，发展和提升人的心理素质。

伴随着以互联网为代表的信息网络技术的兴起和普及，网络心理健康教育不仅是传统心理健康教育在其领域、方式及手段上的拓展和延伸，更是一种全新的心理健康教育模式和理念，是心理健康教育发展和创新的新趋势。以互联网为代表的信息网络技术除了以数字化、网络化、高速化、信息容量大、虚拟性等技术特性，促进心理健康教育内容、方法、手段的创新外，更以平等、自主、交互性的社会性内涵推动了心理健康教育理念的创新。作为对时代的回应，网络心理健康教育不能只是技术和工具层面上的，而应该在此基础上进行整体性的心理健康教育理念转换。从广义上讲，网络心理健康教育不仅指网上心理健康教育，还指现实中针对网络影响开展的心理健康教育；不仅指网络的心理健康教育，还指心理健康教育的网络化。

2. 网络心理健康教育的构成要素

按照系统论的观点，心理健康教育是教育工作者通过多种途径并运用多种手段，从学生的心理实际出发，有目的、有计划地对学生心理的各个方面进行积极的宣传和教育，促进学生个性全面和谐发展，维护学生心理健康的系统工程。系统论既指出了心理健康教育的内容、实质和过程，又明确了其为需要通过多种途径、多种手段、多方努力的系统工程，比较丰富而全面。从系统论的视角看，网络心理健康教育体系的各构成要素与现实心理健康教育具有一致性，只是网络赋予各要素新的要求。

（1）网络心理健康教育的教育环境

网络既是我们现代生活的一种"工具"，也是我们生存环境的重要组成部分，所以网络既是一种"工具"，又是一种"环境"，作为工具的网络普遍广泛应用的结果便成了一种"环境"。网络作为工具，我们可以随意使用，也可以随时弃置；然而，网络作为一种环境，却如影随形、难以摆脱。当然，对于环境，我们既可以主动去适应，也可以整合、优化。从"工具"到"环境"，体现了人们对网络认识的升华："工具"只是我们生活的一部分，而"环境"则具有育人的功能。正是网络环境变成了一种新的育人环境，从而扩大了网络心理健康教育的范围，才使得我们从生理、心理、社会适应、行为方式、个性培养等各方面研究大学生心理的新情况、新问题，才让我们开始重视和挖掘网络环境对心理教育活动的积极作用。

与其他教育环境相比，网络环境的最大特点在于它的虚拟性。网络可以通过数字化的虚拟，对现实世界予以再现。但任何事物都具有两面性，网络也不例外。网络的虚拟性、开放性、自由性等特点对于人和社会的发展有利也有弊。因此，在网络环境中，要充分发挥人的主体性和能动性，既要主动地适应网络环境，也要在建构网络环境的过程中，整合各方面的资源，充分挖掘网络资源中对心理健康教育有利的资源并加以利用，剔除和屏蔽对学生身心发展有害的因素。要加强对学生正确价值取向的教育，引导大学生辨别是非、选择积极的网络信息，提高学生的自我控制能力和不被虚拟网络环境影响的能力。

（2）网络心理健康教育的主客体关系

一般教育活动的主客体关系也同样存在于基于网络环境下的心理健康教育活动之中。心理健康教育从现实向网络的延伸，仍然和一般教育活动一样具有明确的规定性和价值导向性。也正是教育活动所固有的本质属性导致了网络心理健康教育中主客体关系的必然存在。在网络心理健康教育活动中，同样存在虚拟主客体的相互交往，以及虚拟主客体的差异性。这种建立在虚拟交往实践基础上的主客体关系也呈现出如下新的特点：一是对虚拟情境的依赖性；二是主客体的动态建构性。

在网络心理健康教育中，教育的主体变成了网络信息传播中的"把关人"，他们负责网络信息的收集、传播和监控，兼具信息传播者和心理健康教育者的身份，同时，他们还必须掌握现代网络技术，具有扎实的专业功底。在网络心理健康教育中，教育主体没有特定的身份，具有非主体性特点，他们的职责不是说服疏导，而是提供"选择"和"引导"。高校网络心理健康教育的主要对象为网络社会中的"网络人"，即大学生网民为高校网络心理健康教育的教育客体。虽然网络是一个虚拟的世界，其中的网络消费者（教育客体）都是经过虚拟化和符号化的，但他们仍然是现实世界中活生生的、有情感的，具有主体性和主观能动性的人，他们在网络虚拟世界中的表现是他们在现实世界中的表现的反映。同样，高校网络心理教育中的客体也是现实世界中有主体性和主观能动性的人。正因如此，网络世界中的主体性就具有了特征，即网络虚拟世界中所表现出来的主体性就是现实世界中主体性的反映。

在网络心理健康教育中，教育主体之间、客体之间的地位都是平等的，或许正是因为这种平等的关系，相互的交流会更为深入、有效，更具人文关怀，这是网络心理健康教育取得良好教育效果的前提。

（3）网络心理健康教育的教育内容

大学生网络心理健康教育的内容：一方面，是指在网上开展现实心理健康教育的内容，主要有通过网络宣传和普及心理学方面的知识，在网上开设心理学课程，举办网上心理健康知识专题讲座，针对大学生进行学业心理指导、人际交往指导、人格完善辅导等，以及开展网络心理咨询等；另一方面，提高大学生网络心理素质以及预防和纠正大学生网络心理问题也是大学生网络心理健康教育的重要内容。

（4）网络心理健康教育的教育方法

网络心理健康教育就是将传统的心理健康教育方法现代化，即在网络世界中给在传统心理健康教育中使用的各种教育方法穿上科技的外衣，将传统的心理健康教育方法网络化、现代化。在继承传统的心理健康教育方法的基础上，结合网络技术进行创新。

网络心理健康教育的教育方法区别于传统心理健康教育方法的特点：其一，网络心理健康教育注重主客体之间信息的互动，而不是传统的"灌输"，因为在网络的信息交往中不存在强制的信息灌输；其二，不使用传统的"灌输"方法，因为在计算机网络中不可能对大学生进行面对面强制性的信息灌输；其三，借助网络多媒体的一切手段，向大学生提供信息，并引导大学生正确选择有利于他们身心发展的信息。

3. 网络心理健康教育的特征

网络心理健康教育的出现是现代心理健康教育的需要，是心理健康教育适应现代科技发展的表现。从传统的角度来看，网络心理健康教育作为心理健康教育的一种新方式，它不是对现有心理健康教育方式的突显，而是继承；不是对现有心理健康教育方式的背弃，而是发展；不是对现有心理健康教育方式的脱离，而是超越。现实心理健康教育与网络心理健康教育既有联系又有区别，互为补充。下面从主体、客体、内容、方法等方面阐述其不同于现实心理健康教育的显著特点。

（1）教育主体非固定化

上网已经内化成了现代人的一种生活方式，因此不能简单地把"网络心理健康教育"理解为在网络空间中开展心理健康教育活动，而应把其当作一种全新生活世界与生存境遇中的全新价值教育形态。网络心理健康教育主客体关系的特性与趋势主要取决于网络化的生活方式对人的主体性的拓展，表现为教育主体的"去主体化"、教育客体的"主体化"和主客体关系的相对性、平等性。因此，要实现网络心理健康教育理念、原则与方法的创新，推进网络心理健康教育的理论构建与实践应用，首先必须了解网络时代中网络化生活方式的特点与教育主客体关系的变化特征。

在网络心理健康教育中，教育主体的"去主体化"使教育主客体在心理教育活动中处于平等的地位。在这一教育活动中，教育主体提供的是"影响""选择"和"引导"，而非"说服""说理""灌输"，因而更能体现人文关怀，使活动更具亲和力和影响力，也就更具有取得心理健康教育效果的重要前提。

在这里，必须指出的是：新科学技术在心理健康教育中的应用丝毫不会削弱教育者的地位和作用，相反，却建立起了一种新型的师生关系，即教育者从"独奏者"的角色过渡到"伴奏者"的角色，不再扮演传授知识的角色。他们引导、组织和帮助受教育者，而非去塑造受教育者。在网络心理健康教育中，教育者的影响不再是建立在让受教育者被动接受的层面上，而是通过各种信息和途径，激发受教育者的兴趣和好奇心，调动受教育者的积极性，让他们在教育者的引导下积极主动地探索知识、参与学习。

（2）教育客体更具能动性

在网络心理健康教育中，受教育者（教育客体）更能发挥主观能动性，即受教育者能根据自己的心理感受选择自己需要的相关心理健康教育信息和内容。在传统的教育中，受教育者总被看成被动的教育对象，并没有被当成教育的主体来对待。而在网络心理健康教育中，教育者和受教者同是教育活动的主体，他们地位平等，把教育活动当成一种双向交流的互动过程。从这个意义上讲，受教者在网络心理健康教育活动中所体现出来的主体性、主动性和主客体之间的互动交往性是传统的心理健康教育难以望其项背的。学生可以以求助者的身份在网络中出现，通过 QQ、论坛、发帖、网络心理健康栏目等通信工具、平台、操作、版块来选择自己需要的信息、内容和服务；同时，学生还可以以助人者的身份在网络中出现，给网络中的求助者提供相关的心理健康教育内容、理念和方法，从而实现教育者和受教育者之间的互动和交流。网络心理健康教育活动中这种"他助–互助–自助"的机制，吸收了一般心理健康教育的精华，弥补了自身的不足，在很大程度上增强了心理健康教育的效果。

在网络心理健康教育中，教育客体是指网络社会的"网民"或"网人"，以"网络世代"为主（简称 N 代，即 Netgeneration）。"网络世代"具有反传统、追新潮，反从众、重个性，呈现愤世嫉俗的倾向，富有怀疑精神和创造力等特点。在网络心理健康教育中，参与者往往表现出更强的主动性，他们更多地通过主动发起交流、寻求帮助，选择对自己有帮助的信息；经常主动地帮助那些求助者，试图通过自己的知识和经验去说服和疏导他人。即使是最具专业素养的心理专家，他们的专业知识、人生阅历及所掌握的心理健康技巧也难以满足形形色色的求助者的需要。而在网络世界中，每个求助者都能找到与自己具有相似个性、心理特征、成长环境或人生际遇的助人者。因此，在网络世界里，这些具有不同个性特征、不同经历、不同教育背景、不同成长环境、不同人生际遇的网民（助人者）成了一个"集合体"，并有成为"业余的"或"兼职的"心理健康教育者的可能，进而成为心理健康教育的主体。

在网络世界里，在教育主客体之间这种新型关系以及自助机制影响下形成的多极交互主体性的共同作用下，形成了网络心理健康教育的新模式。对这种新型的心理健康教育模式，不仅要"因势利导"，更要"造势引导"。

（3）教育内容多元化

在网络时代背景下，网络教育成了完全开放式的教育。网络的开放性、自由性和超时空性的特点为心理健康教育提供了大量教育素材和教学内容，提供了一个相互交流、自由表达的空间，提供了一个扬其所长、助人为乐的平台，更为现代心理健康教育提供了前所未有的教学组织形式。

在网络心理健康教育中，教育内容具有如下新特点：第一，作为多媒体的网络具有再现、集成、交互、扩充、虚拟等功能，它不受时间、空间、微观、宏观的限制，使教育内容实现了从平面到立体、从静态到动态的转变，呈现了超时空的趋向；第二，网络的集成扩充功能，让计算机网络上的教学内容无穷无尽、丰富多彩，其具有的生动形象、感染力强的特点，易于激发学生的兴趣，对感知、理解能起到有益的作用，还能更好地适应每个学生的个体差异，实现因材施教；第三，网络具有不可控的特点，网络中既有对心理健康教育有益的内容，也存在对心理健康产生负面效应的信息，因此，高校心理健康教育者在进行网络心理健康教育时，要学会因势利导，充分利用网络中有利于学生身心发展的信息，屏蔽垃圾信息。

网络作为网络心理健康教育和网络德育工作实施的载体和平台，提供了丰富的信息资源和教学内容。另外，网络本身也被列为网络心理健康教育和网络德育的重要部分和内容。

（4）教育方法具有现代性

大学生网络心理健康教育方法改变了以学校、课堂、书本为心理健康教育的主要阵地的传统，改变了以心理咨询为主要形式的心理健康教育模式，变被动为主动、变单向说教为双向互动，将显性教育和隐性教育结合起来，体现出开放、民主、平等的时代特点。

大学生网络心理健康教育方法坚持从时代的实际出发，认识到了互联网的发展变化及其对大学生的双重影响（积极影响和消极影响），考虑了大学生网民的特点和心理状况。建立大学生心理健康教育主题网站，运用网络心理咨询法，把建立网络心理健康教育队伍作为大学生网络心理健康教育的重要举措，不仅增强了心理健康教育的效果、提高了教育效率、扩大了教育规模，而且使心理健康教育更具影响力、说服力和感召力，实现了网络心理健康教育的实效性。

信息化已经成为当今世界发展的潮流。以教育的信息化带动教育的现代化，实现了大学生心理健康教育方法的跨越式发展，比传统的心理健康教育方法更具有时代性。

（5）教育活动具有网络性

许多在现行学校教育中能做到的事，在网络教育中都能够做到。借助网络的技术与资源优势，在现行学校教育中做不到的事，在网络教育中却能够做到，这正是网络教育的特点所在。网络心理健康教育活动的特点集中表现为以下四点。

第一，网络心理健康教育活动可以在超时空状态下进行。现实的教育往往受到时间和空间的限制，须在固定的场所、固定的时间从事固定的教学活动。网络教育则突破了时空的限制。就网络心理健康教育而言，如果一个当事人想要在网上求询，他可能身在远隔万里的异国他乡，但只要进入网络，轻轻点击有关心理咨询的网站，便可与指导者实现零距离的接触；就时间而言，由于当事人的心理困扰受消极情绪的影响较大，而消极情绪的出现无法用时间来估算，所以当他最需要接受指导时，可能在现实生活中是无法被满足的，而网络心理健康教育不受时间限制，不管是在烈日高照的正午，还是在寒风凛冽的深夜，只要有需要心理帮助的渴望，当事人随时都可能进入网络时空，接受心理指导和救助。

第二，网络心理健康教育活动的信息容量大、即时性强。网络能够提供的心理健康教育信息几乎是无限的，关键在于当事人如何去选择。当一个求询者怀着某种期望在网上求助时，他首先可以选择不同的（心理）站点以获得帮助；其次，可以在站内搜索某些需要的信息，也可进行网际链接，还可对不同专家提供的服务进行比较，选择适合自己需要的帮助，直到满足自己的心理需求为止。网络传递信息具有迅速扩张的特性，只要当事人进入某一心理服务站点的界面，服务信息就能迅速发挥作用，不会出现人为的阻隔，尤其是对那些突发性的心理问题，网络能提供即时的帮助，对这些问题实施有效干预，或者延缓问题行为的产生。

第三，网络心理健康教育活动具有生动性与互动性。设计完善的网络心理健康教育活动，其生动性并不亚于现实活动。以个别心理咨询为例，当求询者步入咨询场所，常常囿于心理上的紧张而显得局促，尤其是求询的早期阶段。因此，心理健康教育活动的生动性就难以体现出来。相比之下，网上心理咨询就可以摒除不利的外围因素的干扰，且网上图像的设计、文字的表述、相互交流的声光信息能够给当事人带来某种新奇和激奋。由于当事人实施求助是以个体的身份进入网络的，人机互动的特征非常明显，他会根据自己的需要以任何一种可行的方式与指导者沟通，获取有益于自身的信息，而不必顾忌其他方面的限制。

第四，网络心理健康教育活动是一种自助性、隐秘性活动。心理健康教育的宗旨是"助人自助"，这在网络心理健康教育活动中的表现尤为突出。是否选择网上求助是每一个当事人的自由；如果选择了网上求助，那么选择什么方式的网上求助也是当事人必须做出的选择，如是选择与专家交流，还是选择自主训练，或者是自助阅读，这些都是当事人自主决定的。从某种意义上说，选择网上求助本身就是心理自助的一种表现。既然是一种自助活动，那就具有相当程度的隐秘性。网络空间本身就被称为"虚拟社会"，虚拟性必然导致隐秘性。在网上心理求助的过程中，当事人可以任意地创造代号，能够随意隐匿自己想要隐匿的东西，包括身份、地位等。当事人同指导者交流时大可不必担心泄露自己的隐私，一方面，指导者有自己的职业操守，会保守当事人的秘密；另一方面，网络本身就起到了保守当事人秘密的作用。

（二）高校网络心理健康教育体系

1. 高校网络心理健康教育体系的含义

"体系"在汉语词典中的释义："是指若干有关事物或某些意识相互联系的系统而构成的一个有特定功能的有机整体。"网络心理健康教育不单是网络技术的飞速发展所催生的一种新的教育方式，也是一种具有独立教育内容、独特教育途径与方法的全新教育体系。综观我国高校网络心理健康教育近 10 年的发展不难发现，高校网络心理健康教育的理论和实践缺少整体性推进，多在局部围绕某一方面展开，这制约了网络心理健康教育的深入推进，限制了网络心理健康教育整体功能的发挥。因此，在网络时代，构建高校网络心理健康教育体系，发挥其整体功能，已经成为我国高校网络心理健康教育的迫切要求。

构建高校网络心理健康教育体系，一方面，要确定网络心理健康教育体系的内容。高校网络心理健康教育体系是一个完整、复杂的系统，主要由网络心理健康教育理论和方法、网络心理健康教育内容、网络心理健康教育运行机制、网络心理健康教育目标等组成，每一个方面又是一个子系统。要构建高校网络心理健康教育体系，首先要对各个子系统进行分门别类的研究，建构网络心理健康教育体系的子系统。另一方面，要抓好网络心理健康教育体系的内在整合，处理、协调好系统中各子系统、各要素之间的关系。如教育者和受教者的双主体互动，网络心理健康教育目标与内容的一致，探索线下心理健康教育与线上心理健康教育的有机衔接和有效沟通，建构起立体化、全方位的网络心理健康教育模式，形成一个具有不同层次、动态与静态相结合、各子系统协调统一，既符合网络时代大学生心理素质教育要求，又切合大学生心理健康发展需要的结构合理、功能互补的网络心理健康教育系统，从而全面实现网络心理健康教育的目标。

可见，高校网络心理健康教育体系的理念、对象、指导理论、内容、方法、师资以及管理等是一个有机的整体，它是一个由若干子体系构成的系统工程，包括教育目标、教育内容、运行机制及教育途径与方法等子体系，各子体系间相互影响、相互作用，其协调程度极大地影响着网络心理健康教育功能的整体发挥。

2. 高校网络心理健康教育体系的特征

第一，高校网络心理健康教育体系具有开放性。开放性是网络社会的基本特征之一，虽然在现实中出于种种需要对网络进行监督和控制，但这并不能改变网络的开放性特征。高校网络心理健康教育体系的开放性一方面表现在网络心理健康教育体系处于与其他学科和理论的关联和互动之中，是一种新的开放的而不是封闭的综合体系；另一方面，表现在它不是一成不变的，而是与时俱进的。因此开放性应是高校网络心理健康教育理论体系的首要特征。

第二，高校网络心理健康教育体系具有创新性。创新性是网络时代或网络社会的本质特征之一，也是高校网络心理健康教育理论体系的基本特点之一。一方面，网络心理健康教育研究要不断认识新情况、研究新问题，在理论上和方法上不断创新，这是网络心理健康教育理论体系构建的首要条件和基本前提。另一方面，要不断更新网络心理健康教育的原理和观念，网络心理健康教育实际运行的发展与更新应紧随计算机网络技术前进的步伐。只有这样，才能保持高校网络心理健康教育体系的生命力。

第三，高校网络心理健康教育体系具有综合性。网络心理健康教育是网络与心理健康教育相结合的产物，融合了多种学科的理论，其体系研究范围具有综合性。但网络心理健康教育理论体系的内容并不是对有关学科内容的简单拼凑。作为一个完整体系，网络心理健康教育理论体系的内容必然有其内在的逻辑联系和较好的综合性。

第四，高校网络心理健康教育体系具有实用性。高校网络心理健康教育理论体系与网络心理健康教育实践有密切的关系。一方面，网络心理健康教育理论研究是对网络心理健康教育实践经验的概括与总结，大学生的网络活动与实践已经成为网络心理学研究的源泉；另一方面，网络心理健康教育理论研究成果也需要拿到网络心理健康教育实践中去检验，并指导高校网络心理健康教育的实践。

3. 高校网络心理健康教育体系的内容

现代网络技术的不断发展和应用深化，必然要求传统心理健康教育理念、内容、方法和途径的改变和更新。因此，高校网络心理健康教育应当是一个包括以下广泛内容的体系。

（1）网络心理健康教育的概念及与现实心理健康教育的关系

网络心理健康教育概念的界定包括网络心理健康教育的内涵、特征以及它与现实心理健康教育的关系，推动线上心理健康教育与线下心理健康教育有效衔接、相互促进、有机融合等方面。

因此，应在沿用和整合现实心理健康教育工作模式（如教育模式、辅导模式、互助模式、危机干预模式等）的基础上，构建网络心理健康教育的运作模式：主体发展性模式、互动对话式模式和人本人性化模式。实现网络心理健康教育与现实心理健康教育的一致性目标，都应建立和完善的三级目标：发展性目标、预防性目标、治疗性目标。

（2）高校网络心理健康教育的现实依据

对网络心理健康教育的研究，首先要全面、客观地了解当前高校网络心理健康教育的实际情况，只有从实际出发，理论体系的构建才能有据可依。

高校网络心理健康教育的现状分析包括两个方面：一是大学生对网络心理健康教育的认知和需求；二是高校网络心理健康教育的实施情况。对这一现状的掌握要通过实证研究的方法，掌握真实的数据和材料，并在此基础上客观、理性地分析高校网络心理健康教育存在的问题。

（3）高校网络心理健康教育的理论依据

高校网络心理健康教育的理论探讨包括网络心理健康教育的指导理论、基础理论以及理论借鉴。科学是内在的统一体，它被分解为单独的部门，不是由于事物的本质，而是由于人类认识能力的局限性，实际上存在着从物理学到化学，通过生物学、人类学到社会科学的连续链条。可见，学科间的逻辑联系是网络心理健康教育研究进行多学科借鉴的科学依据。

（4）高校网络心理健康教育的对象分析

网络环境下大学生的心理，包括大学生网络心理问题的分类和大学生产生心理问题的原因分析，以及大学生各种心理现象的产生、变化、发展的规律和行为特点。因此，高校网络心理健康教育的一个最根本的任务，就是应从大学生网络和网民的现实出发，如运用道德心理的理论，分析大学生网络道德心理的现状，研究提升大学生网络道德心理的对策；运用学习心理的理论，分析大学生网络学习心理的现状，研究优化大学生网络学习心理的对策；运用人际交往心理的理论，分析大学生网络人际交往心理的现状，研究调适大学生网络人际交往心理的对策；运用性心理与爱情心理的理论，分析大学生网恋心理的现状，研究调适大学生网恋心理的对策；分析大学生网络沉迷、成瘾的现状，研究预防大学生网络沉迷以及治疗大学生网络成瘾的对策；运用犯罪心理学的理论，分析大学生网络犯罪的类型及原因，研究预防大学生网络犯罪的对策等。

（5）高校网络心理健康教育的内容和方法

在大学生网络心理健康教育内容中，要充分体现受教育者的需要。就受教育者的需要类型而言，主要有获取心理健康知识的需要、解决心理问题的需要、参与心理健康教育活动的需要等。首先，要拓展现实心理健康教育内容，使相关教育内容尽可能满足受教育者各个方面的需要；其次，要结合受教育者的日常生活开展网上心理健康教育活动，找到宣传教育的切入点；最后，要善于根据不同类型的心理需要，提供各种形式的网络心理咨询服务。心理健康教育的内容可分为障碍性内容和发展适应性内容两大块。依据网络心理健康教育的优势和大学生自身认知水平较高的特点，网络心理健康教育的内容应该以发展适应性内容为主，侧重于解决大学生在成长适应过程中所遇到的各种心理问题。一是通过网络建立大学生心理健康教育知识系统；二是将帮助大学生解决各种心理问题作为网络心理健康教育的重要内容。当然，和现实心理健康教育的有机结合有利于教育内容的整合。

进行网络心理健康教育，要对现实心理健康教育的方法进行沿用和整合，探索适应网络时代特征的新方法。所以，一方面，我们要充分发挥中国传统文化在大学生网络心理健康教育中的作用；另一方面，要借鉴和整合国外心理学的方法在大学生网络心理健康教育中的运用并进行积极创新，探索网络心理健康教育的新方法。

（6）高校网络心理健康教育的实施和评估

网络心理健康教育的实施研究包括其实践途径和实践队伍建设。进行网络心理健康教育实践主要是在建设心理健康教育网站、进行心理健康宣传教育的基础上，实现网络心理咨询、网上心理测试、网络朋辈心理辅导和互动交流、线上线下相结合的反应机制等。在线即时咨询、校园 BBS 咨询、留言本咨询、电子邮件咨询是高校网络心理咨询的主要服务形式。

实施网络心理健康教育，拥有一支理论水平高、业务能力强的网络心理健康教育专业队伍是关键。我们应该探讨网络心理健康教育队伍建设的重要性、网络心理健康教育队伍的素质要求及培养、网络心理健康教育队伍的选拔和管理等。

网络心理健康教育是一项专业性很强的综合性工作，不仅要求教育者熟悉心理健康教育的一般原理和方法，还要求他们熟悉网络专业技术和与时俱进的网络文化。比如网络心理咨询，要求咨询师对文本的感知和理解能力以及文字表达能力较强。这就需要完整的网络心理咨询师认证制度，同时对网络心理咨询从业人员进行培训和考核，以培养有专业素养的网络心理健康教育队伍。

评估是构建网络心理健康教育体系的最后一环，改进和完善网络心理健康教育体系必须以评估为依据。高校应该通过建立完善的评估体系来评估网络心理健康教育的成效，在评估过程中发现问题并制订解决问题的方案，让网络心理健康教育得以可持续发展。

二、基于"互联网视域下"大学生心理活动的类型与特点

（一）认知方面

1. 尝试心理网络的互动和开放激励了大学生的尝试心理

与被动接受的传统媒介相比，网络有着明显的区别。不管大学生身在何处，只要进入互联网，就可以在统一的平台上以相互平等的方式从事信息制造、信息交流和信息利用，各种情绪都可得到尽情的表达和宣泄。对于崇尚自由、民主和平等的大学生来说，网络无疑是一个能崭露头角的好地方。大学生能充分体会到助人的自豪感，不受时空的约束和规矩的限制。

2. 猎奇心理

大学生对新鲜事物充满了好奇，而网络丰富的资源更促发了这种猎奇的心理。互联网把无数局域网连接起来，成为全球最大的信息库，其内容涉及社会生活的各个方面。这大大拓展了大学生的视野，为大学生带来全新的生活体验，满足了他们的好奇心理。

3. 信息搜集

互联网把人们的生活带入了一个信息爆炸的时代。形形色色的资讯在这里汇集，使需要查找的信息触手可及。数字图书馆、在线课程等的出现大大拓宽了大学生搜集资料和获取知识的途径，满足了大学生不断增长的认知需求。

（二）情感方面

1. 减压心理

如今，社会对人才质量的要求愈加严格。许多大学生在升学、就业或自身健康状况方面体会到的压力较以往大学生有所增加。而网络的隐匿性、开放性等特征给大学生适时转移、倾诉和宣泄自己的负面情绪提供了机会和场所。

2. 娱乐心理

在网上玩游戏、聊天、听音乐、看电影、阅读等是大学生休闲娱乐的重要方式。大学生具有猎奇，追求浪漫、刺激，对新事物、新信息反应迅速等心理行为特征，而网络的功能正好能与这些特征相匹配。因此，在网上冲浪成为大学生休闲娱乐的主要途径之一。

3. 价值体现心理

人需要在社会关系中获得自我价值。处于青年初期的大学生思想比较活跃，渴望友谊、理解与尊重。随着年龄的增长、生活空间的扩展和阅历的不断增加，大学生对自我价值感的追求表现得尤为明显，而网络为大学生的价值体现提供了便利条件。不论天涯海角，互联网都可以使人们彼此认识、交往，并在这种人际互动中获得自信、自尊和自我认同等价值心理。另外，通过网络这一平台来成就自己的学业、事业，也是大学生实现自我价值的重要手段。

4. 情感表达心理

通过上网寻求人与人之间的相互关心、理解和尊重，是潜藏在大学生内心的上网动机之一。他们在网络中结识朋友，获得在现实生活中无法得到的情感交流和满足。在网络里，他们表达情感的主要方式有聊天、建立个人网页、写博客和发表自己的观点和见解等。

（三）人际方面

1. 沟通心理

人际交往是大学生身心发展的需要。网上沟通这种新的人际交往渠道为大学生展现自我和接触社会等提供了一个新的平台。通过聊天、论坛留言或博客交流等沟通方式，大学生可以畅谈自己的看法，获取别人的观点。

2. 交友心理

随着自我意识的增强，大学生逐步摆脱了对父母、老师的依赖，但同时对同龄人的依赖有所增长，需要在新环境中获得同伴的友谊。如今，网络作为一种交友工具在高校学生中已经相当普及。

3. 恋爱心理

随着身心发育的日渐成熟，大学生对爱情的渴望和追求自然萌发。网络为大学生恋爱的自我表露、情感需求带来了新的体验模式。开放的网络为大学生寻找恋爱对象增加了概率，网络的隐匿性则更能让人直接地表达出内心的情感。

三、培养合理网络生活方式有利于大学生的心理健康发展

对于合理的生活方式先后有两种大同小异的定义。第一种界定为科学、文明、健康的生活方式，包括正确的人生和价值观、科学的学习方式、良好的集体生活习惯以及合理的消费习惯。第二种界定为在科学理论和科学知识的指导下，合理、和谐、稳定的生活方式。合理的生活方式是指建立在自己的物质基础之上，与社会发展相适应的适度、理性的生活方式，在学习、生活、娱乐中能够积极促进个人身体、心理和谐发展的生活方式。

大学生合理的网络生活方式是指在科学理论和科学知识的指导下，合理、和谐、稳定的网络生活方式；是建立在自己已有的物质基础之上，与社会发展相适应的适度、理性的网络生活方式；是在网络学习、网络生活和网络娱乐中能够积极促进个人身体、心理和谐发展的生活方式。培养合理的网络生活方式有利于大学生的心理健康发展。

（一）大学生合理网络生活方式的内容

合理的网络生活方式，是与不健康、不文明或不科学、不合理的网络生活方式相对应的网络活动方式和网络行为习惯。大学生合理的网络生活方式表现为良好的网络学习生活方式、文明的网络闲暇生活方式、科学的网络经济生活方式及有序的网络政治生活方式。大学生合理的网络生活方式具体包括正确的网络信息

甄别能力、文明守法的网络生活习惯、积极健康的网络参与情趣以及灵活高效的网络运用能力。其主要体现在以下四个方面。

1. 运用马克思主义基本原理分析问题是大学生合理网络生活方式的原则

网络生活方式给大学生提供了诸多的便利条件和丰富的信息资源，在很大程度上方便了他们的日常生活。但网络生活中也存在着"泥沙"，鱼龙混杂的信息随处可见。所以，合理的网络生活方式首先要求网络生活主体的思想是积极健康的，要求网络生活主体具备基本的马克思主义理论素养，坚定政治立场，善于运用正确的思维方式去分析网络生活中的各种现象，思考网络生活中的各种观念，不要盲目相信他人的观点和屈服于外在的力量，要保持高度的政治敏锐性，提高政治鉴别力。

2. 自觉遵守网络道德和网络法律法规是大学生合理网络生活方式的基础

网络社会是虚拟的社会，大学生和谐的网络环境的创设要依靠全体网络参与主体的道德自律精神和强烈的法治意识。首先，合理的网络生活方式的主体是网络道德人，人们自觉遵守网络公德，文明上网、诚实交往。其次，合理的网络生活方式的主体严格自律，自觉抵制和打击网络垃圾信息。最后，合理的网络生活方式的主体是网络守法人，人们自觉遵守国家网络法律法规，不盗用他人账号密码，不制造、传播有害信息，不侵犯他人隐私。

3. 善于利用网络为生活服务是合理网络生活方式的核心

在网络信息社会，大学生应顺应时代发展的要求，积极培养网络素养，逐渐融入网络生活。具体包括以下四点：一是培养敏锐的网络意识，对网络中的各种信息能够做出敏锐的反应，认识到网络信息的重要作用；二是与时俱进，掌握基本的网络技术，善于运用网络多媒体，使用网络检索工具查找资料，为学习、生活服务；三是学会正确地使用网络交流工具，体验网络生活方式，例如自如地运用 QQ、E-mail、WeChat 等进行人际交流，科学地使用网络银行，合理地参与网络购物，积极地参与网络政治讨论，适当地体验网络娱乐等，学会享受网络生活方式带来的便利；四是学会使用网络杀毒软件、防火墙等，维护网络系统的安全和网络信息的安全。

4. 主动参与健康网络的建设是合理网络生活方式的目标内容

交互性是网络生活中信息传播的重要特征，大学生合理网络生活方式的目标就是能够积极自觉地参与健康网络的建设，自觉地提升网络生活品质，主要包括以下几点：大学生能够自觉关注网络上的重大新闻事件，理性地参与热点问题的讨论，发表负责任的观点，传播先进的积极向上的网络文化；能够积极、自觉地参与健康网络平台的建设，不断丰富网络生活的资源和内容，使网络的功能得以不断优化；能够勇敢、自觉地同网络生活中的违法、违规行为做斗争，共同营造良好的网络法治环境。

（二）大学生合理网络生活方式的要求

1. 上网有"序"

社会的发展几乎都是从无序向有序发展的。合理的网络生活方式也要求有序上网，不能一上网就忘乎所以、为所欲为、无法无天、胡搅蛮缠，而应该是理性、健康、积极和向上地上网。合理的网络生活方式要求大学生将网络生活方式作为自己获得科技文化信息、沟通人际交往、合理享受休闲娱乐、合理宣泄不良情绪以及提高政治参与热情的有效手段，将网络生活内容作为自己大脑的延伸和个体智慧的拓展，在网络生活中做到井然有序、有条不紊、扬长避短、为己所用。

2. 上网有"节"

古语云："没有规矩不成方圆。"古往今来，不论做什么工作、从事任何职业，都得有章法。同理，合理的网络生活方式也要求大学生应该上网有"度"，"度"就是限度。上网有"度"、上网有"节"，是当代大学生这一"网络新生代"的自我保护机制。这一要求最直接的体现就是要处理好网络闲暇生活方式，特别是网络娱乐生活方式与网络学习生活方式的关系。

3. 上网有"益"

网络没有红绿灯，但也不是条条大路通罗马，它全凭当代大学生的理性和灵性，来驾驭自己的心理航船，畅游天下。合理的网络生活方式要求大学生有选择地获取信息，而不应该"拾到篮里都是菜"。大学生应该以对自己有"益"作为取舍的标准，对于那些网络垃圾不屑一顾，对于那些含金量较高的科技文化信息则如获至宝。事实证明，理性上网、坚持有益、持之以恒必有好处。诸多年轻有为的可用人才的成长经历有力地证明，他们都从网络获"益"匪浅。因此，合理的网络生活方式要求"网络新生代"扬长避短、发挥优势，努力使自己迅速成长为社会所接纳的知识经济时代合格的高素质人才。

第二节　基于"互联网视域"的大学生心理健康模式发展

一、大学生上网行为的动机分析及心理反应

网络的种种优点让作为时代弄潮儿的大学生成为应用网络的主流。那么大学生上网的动机是什么呢？总体而言可以分为以下四类。

第一，网络学习。因特网逐步走进学校和家庭，也给教育带来了一场深刻的变革。当前，网络已成为教育过程中的重要工具，各国都兴起了 Internet 进入学校的热潮。由于大学生对新生事物的敏感性，故上网很快成为大学生学习生活中的一种时尚，并逐步对传统学习习惯、学习方法及生活习惯产生冲击。当然，网络学习的优势是显而易见的，主要体现在三个方面。首先，学习网站拥有充足的学习资源。通过上网，学生能够快速运用前人或他人的知识，开阔视野；学习网站信息资源丰富、图文并茂，对提高理解能力大有神益；当遇到疑难问题或需要更多信息时，无须购买大量的参考书籍或请家教，可以直接从学习网站获得帮助。网络拓宽了获取知识的渠道，是一种学习知识的新途径。其次，网络可创设模拟现实的学习环境。在网上，学生可以抛开一切束缚，大胆创新；可以根据自己的想法进行网上模拟实验，充分挖掘潜能，并且获得计算机做出的即时反应，这为继续进行探究和创造提供了最安全、可靠、快速的环境。最后，网络学习在某种程度上有利于培养学生的动手能力和独立思考问题的能力，弥补课堂教学的不足。

第二，网络游戏。随着互联网在中国的快速普及，网上娱乐的方式、内容、受众数量在急剧增加，网络游戏依附网络状态，成为一种更有意义的娱乐活动。作为一种新的娱乐方式，网络游戏将动人的故事情节、丰富的视听效果、高度的

可参与性，以及冒险、悬念、神秘、刺激等诸多娱乐元素融合在一起，为玩家提供了一个虚拟而又近乎逼真的世界。客观地讲，网络游戏同其他任何娱乐产品一样，具有其积极的一面。除去一些内容品位不高、缺陷严重的游戏，大多数游戏都具有启迪智慧、丰满人格的作用。在网络游戏搭建的虚拟世界中，参与者除了得到娱乐、学到知识，还可以经历各种情感与精神的体验，如友谊、竞争、团队协作等。正因为如此，各种各样的网络游戏吸引着成千上万的大学生，使他们成为网络游戏大军中的主力。但是网络游戏基本上是以战斗、升级为主要内容和规则目标的，所以一旦上手，便让人欲罢不能，极易导致学生荒废学业或其他一系列的负面效应。部分大学生为了能够泡网吧玩游戏，节衣缩食，甚至走上违法犯罪的道路。他们不仅将最宝贵的时间浪费在玩网络游戏上，甚至因此亲手葬送了自己的美好人生。

第三，人际沟通。E-mail、BBS、OICQ、MSN、聊天室几乎是每一个大学生耳熟能详的词。的确，网络的诞生为交流带来极大的方便。电子邮件的出现让我们不必再通过邮局将信件寄出，而且收件人几乎能够即时地收到邮件；在 BBS 上可以大胆地发表自己的观点，还可以打听到各种自己所不知道的信息；通过各种各样的聊天软件、聊天室，可以跟各种认识的、不认识的人天南地北地聊天，而且还能结识不同的朋友……网络的匿名性，使大学生可以在网上畅所欲言，将在现实中不敢讲的话通过敲击键盘向对方倾诉。网络功能的不断扩大，如视频聊天、语音聊天、网络短信等的推出，使得交流的手段更加丰富。当然，我们不可否认，网络功能的强大也为不法分子增加了违法犯罪的渠道。电信诈骗、网络诈骗、网络恐吓等，其手法、方式层出不穷。在网络时代，人人都要提高辨别是非的能力，文明上网、依法上网。

第四，浏览下载。大学生上网还有一个很大的动机就是浏览下载。通过查询，下载各种文本资料、音乐、电影、软件等是对互联网的另外一种利用方式。网络时代的到来已经使这个世界变成一个"不怕找不到，只怕想不到"的世界。

二、大学生健康网络心理的培养

（一）大学生理性网络观的确立

所谓网络观，就是指人们对网络的认识和看法。其中包括网络的本质究竟是什么，网络给人类社会带来了什么，如何正确地利用网络和看待网络发展过程中出现的种种问题。确立正确网络观的前提是具备正确的世界观、人生观和价值观，以及对网络的充分了解。

要树立理性的网络观，做到以下五点是十分重要的：第一，克服"唯科学主义"，树立辩证的科学人文观，将科技和人文结合起来思考和认识网络社会；第二，要学会运用辩证唯物主义的方法论来关注网络、驾驭网络，确保自己既能走进网络、利用网络，又能走出网络、远离网络，真正做到"该下网时就下网"，使网络真正"为我所用"；第三，充分认识到"网络-人-社会"的内在联系和现实逻辑关系，关注网络的现实社会影响和价值，确立"以人为本"的网络发展观；第四，在正确的网络观念下支配网络行为；第五，防止"反客为主"的异化现象。网络社会中的异化，主要表现为信息符号的异化，即在某种情况下，信息符号反过来成为控制人、奴役人的异己力量，人受制于信息符号而处于被动受控的地位。大学生一"网"情深，陷入"网海"不能自拔，并出现程度不同的"网络综合征"，就是网络异化的一种表现。树立健康、正确、理性的网络观是网络行为理性的思想性保障。

（二）网络理性行为、理性人格和理性精神

大学生网络行为的理性塑造，主要包括理性人格的构建、理性行为的养成和理性精神的弘扬。大学生网络行为的理性离不开理性人格的构建。健全的人格首先是理性的人格，也是社会化的人格。成熟、健康是人格健全的标志，成熟、健康的人不受无意识力量控制，也不受童年心理创伤或冲突的控制，而是在理性和意识水平上进行的。理性人格的构建，是以理性认识为基础的。理性认识是基于感性认识、知性认识层次之上的认识阶段，它不再满足于对一个客体的知性认识，而要挖掘客体之间的内在联系，发现由若干客体组合成的系统或体系。理性认识以观念把握系统的本质特性，又以模型再造系统的结构和过程。同知性认识相比，理性认识既保留了知性概念的确定性，又在客体之间的联系中达到了更高的抽象性和整体性；同感性认识相比，理性认识在模型中保留了客体之间的相互联系、相互作用的形象性和动态性，又以知性概念的确定性克服了感性经验的模糊性和杂乱性。网络行为主体对网络社会的认识由感性上升到理性的阶段，为构

建网络的理性人格奠定了认识论的基础。

大学生网络行为的理性，最根本的是网络行为的理性外化。网络主体理性行为的养成，不仅依赖于对网络人文精神的高度关注。网络理性行为的养成，需要在正确的网络观、理性的网络人格和突出人的主体性的"以人为本"的人文理念的作用下，通过长期实践过程得以实现。

培养网络的理性精神，是网络行为理性的最高境界。网络的理性精神是凝聚在网络主体和网络社会中的网络人文精神的升华，是指导人们网络行为实践的意识力量，是倡导网络行为理性的精神价值追求。

（三）大学生网络行为的自律

在网络社会中，个体自主性的体现是任何传统通信方式所无法比拟的。网络道德环境缺少他人的干预、管理和控制，要求人们有较高的自律性。如果说传统社会道德主要是一种依赖型道德，那么网络社会中人们建立起来的应该是一种自主自律型的新型道德。在这种道德环境中，需要倡导人们网络行为的自律，倡导网络秩序的自治。

大学生网络行为道德规范对人们生活行为的作用不具有强制性，而是依靠人们内在的道德需要和外在的行为自律来实现的；网络行为法规除了对网络主体行为实施强制性的约束和规范之外，还发挥着促使网络主体网络行为自律意识提高的功能。

1. 自律：网络行为的必然要求

大学生道德和行为规范涉及大学生活的各个方面，对大学生的行为起着导向调节作用。但是这种作用只有通过大学生的行为自律才能得以发挥。由于网络自身和大学生群体都具有独特的属性，这种属性决定大学生更应该把网络规范内化为自己的道德需求，转化为自己的自觉行动，这也是大学生自律的深刻含义之一。

大学生是生理成熟但心理相对不够成熟的群体，他们的网络行为表现为认知上的理性和行为上的缺少自控、不够成熟的特征。

大学生由于过度上网，沉溺网络不能自拔而退学、影响学业、影响心理健康和人际关系的现状已相当严重，不能不引起高度重视。事实上，影响大学生健康成长和成才的问题并不在于网络本身，而在于大学生缺少自律，不能合理上网。

自律是大学生网络行为的必然要求。

2. 自律：大学生自我管理的根本体现

现在，大学生住宿正朝着新型学生公寓的模式发展，不仅实现了老宿舍楼的改造，还建造了新的公寓大楼。另外，宿舍楼已由校内向社区扩展，实现学生公寓校内-校外的二元格局。

新时期的大学生宿舍大多都装了光纤网线，学生坐在寝室里就可以实现"睁眼看世界"，广交八方朋友，周游全球各地。电脑在高校大学生寝室已经相当普及，大学生个人拥有电脑的人数日渐增加。在这种社会信息网络化程度日益提高的新型学生公寓管理模式下，对大学生的教育管理工作，除了加强学校的思想政治工作之外，更要注重充分发挥大学生的自我教育、自我管理和自我服务功能，强化自治意识。大学生实现"三自"的根本体现和核心在于大学生的自律。目前，各高校纷纷成立大学生自治性组织，如大学生宿舍管理委员会、大学生自律中心、大学生执法队伍及其他类型的大学自治性群众社团，在自我管理中发挥了积极的作用。学校应该成立大学生网络自治性管理组织，用自律来优化大学生的网络行为，维护网络秩序。

3. 慎独：网络行为自律的道德境界

"慎独"是指一个有道德修养的人即使独自一人、无人监督，也能坚持自己的道德信念，实践道德行为。网络社会的超时空性和人们交往的匿名在线特点，决定了网络崇尚自由与自我，"e"空间是以完全自由编辑为标志的，这就使人们的网络行为具有较大的自由度和灵活性，现实道德所依靠的公共监督的功能在网络社会中大大弱化。崇尚"慎独"，倡导道德自律就显得尤为重要。在网络行为中，做到"慎独"并非易事。所以，可以说"慎独"是一种网络行为自律的道德境界。大学生们在网络这一缺少社会和他人监督的虚拟空间中，需要自觉地强化自律精神和责任意识，坚守网络道德防线，按照网络规则和公约行事，履行一个网民应尽的社会责任。

综上所述，当代大学生的网络行为形象是可塑的，要通过自塑和他塑两种机制来培养大学生的自律品格，并充分发挥自律的律己和律他的双重功能。

三、互联网与高校心理健康教育的创新性研究

（一）网络环境下的大学生自我教育

内外因共同对事物起作用，但内因起根本性的作用。对大学生的心理健康教育不仅要利用外在因素，更要注重大学生自身积极因素的调动，让他们能够进行自我教育、管理和服务。

1. 提升自我教育和自我管理水平

第一，加强自我教育的引导。在这一教育过程中，一方面，高等院校应转变心理健康教育的理念和模式，多提供"引导与选择"，而不仅仅是单一地"灌输与说服"。通过直接考评和他人评价，引导大学生进行正确的自我认识和评价，使其正确看待自身的优缺点，激发主体自我教育的积极性、自觉性，对于存在的不足，及时调整心态、想法和行为。网络弱化了大学生的情感体验，因此，应通过创设情境或对某种道德形象的想象，引导大学生深化自我情感体验、提高心理的自我保护意识和自我控制意识。另一方面，高等院校应完善和扶持相应的心理健康自助组织，从校、院、班三个层面上以学生为本，贯彻发展性原则，引导与监管并重。利用学生会和学生社团等学生组织，积极引导大学生开展各种形式的自我教育活动，增强其自主选择性、扩大其现实的社会交往、巩固其社会角色定位、促进其社会化进程。同时，高校可根据不同时期不同层次学生的特点，引导其设定阶段性的自我管理目标，并定期检查目标的实施与实现情况，这不仅对大学生的自我管理起到督促、巩固和提高的作用，而且有利于大学生克服自身的惰性，激发进行自我教育的主动性和创造性。

第二，大学生要努力做到"内省、自讼""慎独"。"内省、自讼"是对内心的审视、灵魂的拷问，是心理自律的表现，是自我反省和自我批判。古人就有"吾日三省吾身"的自律警句。"慎独"是指在没有他人监督的状态下依然能够按照道德准则和法规要求自己。对网络环境下的大学生"网民"而言，"慎独"已成为一种基本的要求，不再仅仅是针对君子的高尚道德修养的要求。而大学生生理和心理发展的阶段性决定了其"三观"与行为习惯的形成和巩固仍需教育者的引导和熏陶。

2. 开启大学生元认知能力

元认知是个人对认知活动的自我意识与调节。元认知能力不是天生就有的，而是通过引导和多次的练习形成的。元认知能力一旦形成，它的主导性和激活力就会发生作用。所以，在网络环境下，开启、培养、提升大学生的元认知能力将会大大提升学生的自学和调控水平，使其能按照社会要求、道德规范和网络法规调整自己的言论与行为。自我教育一般包括自我觉醒、自我控制与自我发展。自我觉醒是对自我的分析和认识过程，是对自我高度的理性认识。它包含自我认识、自我评价和自我驱动三个方面的内容。自我价值目标的觉醒是自我觉醒的关键。因此，教育者应帮助和引导大学生对自己进行客观深入的分析，形成对自我的事实判断和价值目标，从而获得自我追求价值活动的内在驱动力，形成网络自觉意识。自我控制是个体按照社会规范的要求，对自己的思想和行为的主动掌握，通过对自己动机和行为的调控来实现预期目标，是高级的心理活动，受情绪稳定性影响。作为当代大学生，应树立自尊心、责任感，不断增强对网络信息的辨别和筛选能力，提升自我监控水平，认识自我不足，矫正自我言行。自我发展是个体对新目标确立、修正、执行并进行更高层次的自我教育的过程，它可完成自我教育目的的递进，是"现实我"向"理想我"的转化。具有元认知能力的人明白自己该做什么、何时做、如何做。当短期目标实现时，个体能自觉地确立新的目标并执行，不断促使自我发展和完善。网络环境增加了选择的自主性、环境复杂性，因此应重视大学生元认知能力的启发和培养。

（二）培养新型心理健康教育工作者

1. 心理健康教育工作者角色的转变

首先，树立现代化的教学理念。教师必须由"教"为主向"导"为主转化，由知识传播向方法指导与学生创新意识和实践能力的培养转化，由教材的执行者向课程研发者转变，由德育培养者向成长生活的设计者转化，由单向传递向双向交流互动转化。

其次，从制度权威向魅力权威转化。传统观念认为，只要是教师就具有教师权威，且教师在学生面前具有强烈的自我权威意识。网络教育的模式增强了教育的大众化和个性化，它的出现对教师权威的含义产生了本质上的突破，瓦解了教师因知识拥有量而产生的权威，向传统的和感召性权威提出了严峻挑战。现代具有独立自主能力、富有创新和想象力的大学生更是以苛刻和挑剔的眼光对教师进行整体的审视和批判，因此，教师要将多种权威集于一身，才具备真正的影响力，从而感染和教育大学生。

最后，创建平等的师生关系。传统思想认为教育者是"传道、授业、解惑"者，教师因博学和独有的信息源而占据"权威地位"。师生关系处于教与学、管理与被管理的状态。网络打破了原有的"传道、授业、解惑"和信息源独享模式，改变了受教育的途径和方式，强化了个性化、主体性，也增强了师生对话的平等性。教育者和受教育者可通过网络进行探讨、发表见解、获取所需信息，彼此之间相互创造、相互证实自己的存在更多地表现为精神层面的交流和对话。因此，要调整传统的"师倨生恭"关系，建立新的"师生平等"关系，创建师生相互理解、相互认可、相互接纳的新型社会关系。

2. 提升心理健康教育工作者信息素质

网络集动画、声音、文字等于一体，把抽象变为具体生动，把枯燥的内容变得生动形象、充满乐趣，可以激发大学生的兴趣，使其自身的主观能动性得以发挥。且网络所能实现的远程教学、链接、在线互动、博客等功能打破时空限制，便于教育者和受教育者双方自由对话和交流。因此，新时代教育工作者不仅要有丰富的专业理论知识和技术，还应不断地与时俱进，积极主动地学习，利用计算机和网络技术增强教学效果、提升教学水平。教育者也只有在掌握了网络技术的情况下才能更好、更全面地了解大学生的思想和心理趋向，更好地为大学生服务。

3. 关注心理健康教育工作者的心理健康

心理和思想紧密相连，个体心理的健康发展是形成和接受思想教育的基础，思想的发展变化又对心理产生影响与制约。教育者的一言一行都会对受教育者产生影响，其心理健康状况也不例外。因此，关注教育者的心理健康状况，才能更好地实现教育工作目标。教育工作者的心理问题是教育工作者在自我定向过程中出现的对角色规范的偏离、心理失调与障碍的非正常现象，主要有适应性问题、角色冲突问题、人际关系和职业倦怠等心理问题。首先，加强对身体机能的锻炼。身体健康是心理健康的基础。其次，通过心理健康教育讲座、专业技术培训、心理座谈、寻求更多社会支持、提高福利待遇等途径分层次、分阶段、分目标、分要求地关注并提高教育工作者的工作满意度和心理健康水平。

（三）高校网络意见领袖

意见领袖最早起源于社会学，后经发展成为传播学的经典概念之一，是指在把媒介信息传递给社会成员的这一过程中，那些发挥着某些影响性的中介者。后来卡兹和拉扎斯菲尔德经研究发现，意见领袖不仅存在于政治领域，还存在于购物、流行、时事等社会生活领域。根据他们的总结，意见领袖具有如下特性：第一，意见领袖与受众多数情况下是平等关系，而非上级与下级的关系；第二，在社会群体和各阶层中都有意见领袖的身影；第三，意见领袖有单一型和综合型之分，其影响力也是如此；第四，他们通常渠道广、生活阅历丰富、社交广泛、社会地位较高；第五，他们的意见对他人的态度和行为产生影响。

1. 高校网络意见领袖的作用

（1）信息传播与加工者

由意见领袖的定义和特点可以看出，他们通常是人际关系良好、知识渊博有见解、信息丰富的某个人或某类人，他们接触面广泛、接收信息的速度和拥有量也比一般人好。在信息传播过程中，意见领袖一方面传播传统媒体的信息，而且会基于自己的选择性注意、选择性理解和选择性记忆对获得的信息进行分析、判断、筛选、加工，形成新的信息再传播给不知道或者不清楚的受众。另一方面，当受众面对浩瀚如烟又良莠不齐的网络信息时，会产生相信与怀疑、赞成与反对、面对与逃避等矛盾的心理，此时出于对意见领袖的认可，受众往往会寻求意见领袖的指导。意见领袖则根据自己的人际关系、知识储备、社会经验阅历等对受众提供的信息进行分析，最终给予明确而清晰的意见。

（2）内容把关与监督者

网络的特性决定了其成为一个没有地域之分和国界的全球化媒介，人们可以在一个相对自由的环境中利用多种方式发表言论、发布信息、接收信息。信息参差不齐，有用与无用的、正确与错误的、先进与落后的信息充斥整个网络，降低了受众对有效信息的选择和使用率。从信息传播角度来看，网络传播实现了点对点的传播模式，省略了中间环节，造成了"把关人"角色的缺失。而存在于网络环境下的高校意见领袖，作为信息、观点、态度的传播者，在一定程度上充当了"把关人"和监督者的角色，可过滤掉有害、无用的信息，保障网络信息的健康性和安全性；能够针对当前社会政治、经济、文化、道德等方面的现状，凭借自己的专业性和权威性，用客观、理性、批判的眼光进行审视，并通过校园网络对网络舆论和社会时事进行监督引导，从而达到教育的目的。

（3）舆论引导者

网络的多元化、网民的多维化、传播环境的复杂性决定了网络言论的开放和分散性，众多观点、看法纷纭，难以达成一致。因此，意见冲突在网络中更易被激化形成舆论场。虽然网络舆论"无机"的状态难以改变，但是网络意见领袖拥有的魅力权威在观点说服、网络舆论引导等方面具有积极意义。网络意见领袖的魅力权威不是某个人或某个组织赋予的，而是在网络互动过程中通过个人能力、人际关系、人格魅力、思辨能力获得的。其提供的意见虽是众多评论中的一个，但比较之后优劣自知。随着受众对意见自主选择权利的扩大，意见领袖的引导作用更加凸显出来。同时，网络意见领袖可通过"设置议题"和"设置议程"引导受众由感性认识到尊重事实的理性反思，影响受众对事件的态度和行为。网络中出现偏颇、虚假、迷信、极端等信息时，意见领袖若能及时对信息给予综合分析、理性判断、权威评论，则会对舆论起到正向引导宣传的作用，进而影响社会舆论的形成与走向。

意见领袖具有榜样示范的作用，具有较强的号召力和感染力，是受众崇拜和模仿的对象。如果意见领袖的思想观念和心理发生了变化，传播一些错误或与主流价值观念相悖的意见，基于其个人的影响力和网络传播的力量，其带给受众的影响将是深远而广泛的，将阻碍正面信息的传播，给受众的认知和校园、社会的稳定带来负面影响。

因此高校应加强对意见领袖的管理，利用意见领袖积极因素促进大学生健康成长。

2. 高校网络意见领袖的管理

（1）发现、起用"意见领袖"

与传统社会一样，意见领袖也存在于网络之中，他们往往是网络舆论的灵魂人物，是议题的发起者、引导者，又可能是共识促成者。因此，作为高校的教育工作者，要深入学生群体，积极参与到学生网络社区中，如学生论坛社区、学校贴吧、群组讨论等，通过线上和线下的观察法、谈话法、测量法等方法，"发现"网络意见领袖。教育工作者可从以下三个方面"发现"网络意见领袖。首先，具有广泛影响的人——当大学生受众碰到问题时会向谁请教和咨询。其次，具有特殊影响的人——观察、研究大学生受众的态度、行为易受哪些人的影响而产生改变。最后，具有主动影响的人——本人是否有意愿主动为他人提供建议以影响他人，并考察这些建议对影响他人的行为是否有效。通过以上三个方面"发现"隐藏在高校网络中的意见领袖。同时，高校还可鼓励知名的专家、学者、政治家、评论家、政府官员、管理工作者等社会精英阶层深入学生网络社区，担起意见领袖的责任，成为网络舆论的引导者、大学生健康发展的引路人，承担起传承先进文化与教育年轻人的责任。

（2）教育、引导"意见领袖"

意见领袖在群体中发挥着主导性作用，其思想和个性特征对群体的发展方向起到导向作用，某些特殊时刻其举动可牵一发而动全身。因此，高校要通过网络平台进行核心价值观教育、心理健康教育和理想信念教育，发起献爱心、扶贫支教等社会实践性活动，提升意见领袖思想素质、身心健康水平、社会责任感和个人魅力，搭建起意见领袖和大学生之间信任的桥梁，使其成为社会主流思想的传播者和教育者，成为教育和转变部分消极人群的入口和突破口。作为高等院校的工作者和管理者，应从细处着手，重在平时，积极发现和关注意见领袖在网络中的思想动态和行为举动，注重引发"理性声音"的力量，避免偏激观点，如发现他们有极端和片面的言行，应通过恰当的方法及时予以干预和纠正，让主流、权威、真实的力量抢占大众意见市场。意见领袖通常是那些思维敏锐、思想觉悟高、意志坚定、自尊心强、能力超群者，因此应以尊重、关爱之心，以平等性、主动性、艺术性以及预防性原则与之交友、交心，给予良好的指导，使其切实成为促进大学生和谐发展、有所为而有所不为的优秀意见领袖。

（3）鼓励、宣传"意见领袖"

模仿论认为，来自直接经验的全部学习活动都是能够通过模仿别人的行为举止而习得的。因此，榜样特别是受人们尊敬的榜样，具有替代强化作用，人们可以通过观察、模仿产生自我强化的作用。因此，一方面，高校应对于已发现的思想端正、言行规范的意见领袖给予及时的肯定、表扬、立体宣传，根据性质和影响程度的不同给予精神和物质的奖励；另一方面，高校应与意见领袖建立长久、动态的联系，以点带面推动其自身完善和领导力、影响力的发挥，成为大学生学习的典范。

（4）搭建"意见领袖"传播平台

为网络意见领袖搭建一个可持续发展的绿色网络平台。在这个平台上，意见领袖可表达个人观点、相互交流取长补短、对社会问题发表鞭辟入里的见解，进而影响受众倾向。而这个平台自身主体性的发挥又要通过该平台的把关人、技术人员和网络意见领袖主体性的发挥体现出来。因此，高校搭建并利用这个平台让网络意见领袖所富集的资源，如社会地位、经济基础、信息占有、个人魅力等，充分发挥其教育、引导、帮助的作用。对于由现实社会自然过渡到网络的意见领袖而言，他们拥有较多的社会资源，广大的受众、网络传播为这些资源的充分利用和良性互动提供了平台，更易调动意见领袖和受众参与的主动性。就在网络中生成的意见领袖而言，虽然他们可能拥有的社会资源有限，但依然具有一定的学历、生活阅历、信息量，参与性较强，这个开放、自由、可持续的网络传播平台同样能够调动他们参与的热情，促使他们结合自己的专业和阅历，从不同的视角引导、教育广大大学生受众。

（四）丰富网络教育内容

1. 网络法律、法规教育

网络所形成的虚拟社会与现实社会一样，都是人们生产和生活不可脱离的场所。应建立健全的网络法规，依法加强网络管理，用制度来规范和引导网络言行，使网络中的各主体明确自己享有的权利和应履行的义务。

因此，各高校应加强网络法规教育，首先，让学生熟悉网络法规的规定；其次，走进学生心里，让其知道该为和不该为事项；最后，固化为行为自觉遵守。

但高校在网络法规的宣传、学习力度上存在不足，如宣传次数少、宣传内容浅、受众数量少、影响力度小等问题，这在一定程度上导致大学生因不了解网络法规而对其难以遵从。所以，高校一方面可利用课堂教学、讲座、主题班会、社会实践活动等形式，普及网络法律法规知识，帮助大学生自觉养成良好的网络行为习惯，由他律转向自律，做到网络"慎独"。另一方面，根据相关法律法规的规定，制定符合本校实际的大学生网络行为规则和规范，如礼貌礼仪，言语文明，诚实守信，不登录、浏览不良网站，不盗用他人信息资源，不泄露他人隐私等，从而使大学生的网络行为有明确而严格的操作标准。同时，将网络法规的要求规范化、具体化与学校德育量化考评制度相联系，形成良性、持续的激励和约束机制；在各科教学中，根据学科性质、内容和课程设置，将网络法规的教育和活动渗透其中，使大学生从理论上掌握、在实践中体验，正确看待网络，养成健康的网络观念和行为。

2. 优秀传统文化教育

中国优秀传统文化博大精深，体现在哲学、教育、文化、科学等各个领域，只有将优秀传统文化和心理健康教育结合起来，才适宜中国大学生的发展现状，才能发挥心理健康教育的民族功效。

（1）道德修养教育

中国传统文化强调个人的道德修养与人格完善，是一个人修身立命之本。中国优秀传统文化中"仁者爱人"的博爱之心，"己所不欲，勿施于人"的尊重之心，"大学之道，在亲民，在止于至善"的友善之心，"孔融让梨"的礼让之心，"大丈夫当容人"的宽容之心，"人而无信，不知其可"的有信之心，"自强不息"的进取之心，"见贤思齐"的进取精神，"天将降大任于斯人也，必先苦其心志，劳其筋骨，饿其体肤"的耐挫精神，"乐天知命，故不忧"正视环境与悦纳自我的心态，"天下兴亡匹夫有责"的爱国情感，"夙夜在公"的集体主义思想等，对大学生形成良好的道德修养具有重要意义。道德判断的能力取决于一个人的认知水平，是衡量思想道德修养的重要因素，所以道德认知是道德行为的前提。

（2）价值观教育

社会生活充满竞争，有竞争就有矛盾，如何使学生在竞争中学会和谐相处，是我们必须思考的问题。中国优秀传统文化在这一方面给我们提供了诸多资源。传统文化承认人有道德和物质利益的双重需求，但重义轻利、见利思义，有视不道义的富贵好比浮云的道义之辩、有杀身成仁的奉献精神、有以先义后礼为荣，这些精神已成为新时代的价值观取向。面对出生在改革开放后成长在社会转型期的大学生，我们在平时教育过程中应将其成长中遇到的酸甜苦辣结合起来，与他们身边的各种奖助学金评定和评优事例结合起来，不仅从理论认知上给大学生以教育，更能从情感上打动他们，促使他们沿着正确的人生方向行进，对人和事多一些理解、多一些关心和奉献，少一些怨言、少一些冷漠和功利。

（3）学习观教育

大学生不仅要学习理论知识，更要注重方法的学习；不仅要学做事更要学做人，在不断学习中锻炼提升自己的调控能力。古人在学习态度上有每时、每刻、每处学习的学而不止之心，有择善而从择不善而改、不耻下问的谦逊好学之心；在学习方法上有学思结合、同伴学习、梯度学习的方法。作为当代大学生，在人生成长的道路上不必有悬梁刺股和凿壁借光的行为，却要有这样刻苦的精神；在遇到困难时要有精卫填海以及夸父追日的持之以恒精神去除万难；遇到压力时要有"野火烧不尽，春风吹又生"的韧性，鼓励并相信自己，相信无论前方的路有多少荆棘，我们也终将会胜利；失意时要有"不经历风雨怎能见彩虹"的精神境界，保持平和淡然的心态，使心中始终充满灿烂的阳光。

3. 理想信念教育

思想政治教育和心理健康教育虽在理论基础、方法、功能的侧重点等方面有所差别，但在研究内容、主客体和教育目标等方面相交融。心理健康教育为思想政治教育提供必要条件，思想政治教育是心理健康教育的基础和依托。因此，高等院校要不断加强大学生理想信念教育，促进其身心全面发展。

首先，关注大学生的自我发展和实际需要。从某种意义上讲，客观事物对人的价值在于其是否能满足人的需要，其满足人的要求的程度越大，对人的价值就更大，人们想拥有该事物的动机就越强烈。理想信念教育亦是如此，只有将其与大学生发展和实际需求相联系，才能发挥价值，才能找到生根发芽的土壤。当前大学生注重个体发展、崇尚成功，理想信念教育要与其成长阶段、需求、所处的社会环境相联系，才能起到教育的目的。

其次，个人理想和近期目标相结合。每个人的理想都是多样的，因此不仅要谈远大理想，也要谈近期理想。让远大的理想成为近期目标得以实现的导航器，让近期目标的实现成为向远大理想接近的路基。鼓励大学生志存高远，将个人的理想与国家的发展联系起来，求真务实，从自身实际出发，从小事做起，认真扎实地在平凡中做出不平凡的事迹。在如何实现大学生远大理想方面，教育者要给予积极的引导和检查。第一，引导大学生明确自己的远大理想是什么、是否合理；第二，为了实现崇高的理想，近期要实现的阶段性目标是什么；第三，为了实现各个阶段的目标，我们要做什么；第四，如何做才能实现我们各个阶段的目标；第五，对大学生不同阶段的目标任务，教育者要给出必要的引导、检查、帮助和鼓励。

最后，关注大学生的思想困惑。社会价值的多样化为大学生凸显个性、自立自强、培养创新意识、增强竞争意识等提供了帮助，但也带来了思想观念以及行为的多样性和差异性。因此在教育时，不能简单地告诉学生什么是什么、包含什么，这不仅不符合大学生身心发展的特点，也易引起大学生情绪情感上的反感和抵触。高等院校的老师要运用马克思主义观点和多种教学方法，全面而深刻地诠释是什么和为什么，起到答疑解惑的作用，才能展现理想信念教育的魅力，才能达到理念的认同，从而促进大学生努力践行。

第六章　大学生心理健康教育课程改革

第一节　大学生心理健康教育课程特点

一、心理健康教育课的体验性

（一）体验是学生心理素质形成和发展的核心

体验是指外界事物、情境所引起的自己的内心感受、体味或亲身的经历。通过亲身经历学习做人做事的道理，并转化为自身的行为习惯。体验是学生心理素质形成和发展的核心。体验这种心理活动是由感受、情感、理解、联想、领悟等诸多心理要素构成的。体验具有以下特征：其一，情感性，即对某物有体验，必伴随对之产生某种情感。情感是体验的核心，没有情感，活动主体就不会对活动保持积极的态度，不会全身心地投入到活动中去，也不可能产生"主客融合"的效果。其二，意义性，即主体对某物有深刻的体验，必然会理解到它在主体心目中的独特意义，或者形成某种联想、领悟。体验是一种产生情感且生成意义的活动。其三，主体性，即亲历性，是指体验者亲身参与活动，并用自己已有的经历和心理结构去理解、去感受、去建构，从而生成自己对事物独特的情感感受、领悟和意义。

体验性是学校心理健康教育课程的基本特征。心理健康教育课程能否取得实效以及取得多大实效，在很大程度上取决于主体是否产生真切的体验以及体验的程度。体验是情境陶冶与内心感悟的有机融合，是基于经验和直觉的内在提升。体验不是获取答案的手段，体验过程本身就蕴含答案。心理健康教育课程将体验作为心理建构的桥梁，关键是因为它能激发学生心理的内化机制，促成心灵的成长。体验指向的不是活动结果，而是活动过程。据此，心理健康教育课程要坚持以学生为主体、以活动为轴心，借助活动来丰富学生的心理体验。心理健康教育课程只有让学生经历内在的心理历程并使学生在情感交流和思维碰撞中产生深刻的情绪与情感体验，才能促进学生心理品质和心理能力的发展。

在心理健康教育课的活动体系及学生心理素质形成和发展中，体验均处于核心的地位。这一核心地位我们可以从以下两个方面理解。

第一，从功能上看，体验是学生心理素质形成和发展的核心。人的心理形成和发展过程是由外部的、展开的活动向内部的、简缩的活动转化的过程，也即主体将外在的东西纳入自己的心理结构之中的过程。在这一过程中，体验起着最为重要的作用。没有主体对客体的体验，客体就不可能被内化。体验是内化发生的前提条件，体验的过程就是内化和发展的过程。所以，我们可以说心理健康教育是一种体验教育。

第二，从心理健康教育课活动体系三个要素的关系上看，作为心理健康教育课学生活动体系的三要素之一，体验处于核心地位，是学生活动体系的中间环节。没有体验，活动中蕴含的东西就无法内化到学生的心理结构中去，我们设计的活动就流于形式，心理健康教育课的目标也就无法实现。没有体验特别是情感体验，学生就不会以积极的态度全身心地投入到活动中去，也就不会把自己的内心与体验之物融合在一起。

（二）促进心理健康教育过程中的体验

心理健康教育课中，心理学知识的讲授并不难，真正难的是把理论知识贯彻到学生的实际行动中去，关键在于教师是否注意学生"内心体验"这个环节，它是提高学生心理素质的重要阶梯。"团体活动"可以大有作为，这是一个把认知、体验、合作、分享有机地联系在一起的体验式教学过程。在此环节中，教师借鉴团体辅导的某些技术，如脑力激荡、角色扮演、行为训练、绘画、游戏等，让学生亲身参与活动、积极互动，给学生体验和感悟的空间，培养学生积极、健康的心态，并催生与其他同学分享的情感和欲望，推动自我开放的行为产生，从而促进学生高级心理能力的形成和发展。大学生有着共同的发展任务，有强烈的自我发展愿望，具有自我教育的能力，并愿意与同龄人分享自己的经验。具体来说可以从以下方面展开。

1. 在合作中体验

当代教学改革倡导三种学习方式：自主、合作、探究。通过使学生更多地进行沟通和交流，增强合作和互助的能力，刺激学生思维的积极性，便于集思广益，较大地提高教学效益。在心理健康教育课程中师生共同营造尽可能接近真实的情境，在团体活动中获得具体的经验，并促使学生对此进行观察和思考，从而既形成抽象化的概念和普遍性的结论，又能够对自我进行恰当的认识和接纳，进而将习得的观念运用于真实的世界，发展新的态度和行为方式。

2. 在情境中体验

在心理健康教育课上，教师通过预先计划好的教学活动，介绍相关专题涉及的心理学知识。创设一种符合教学目标、能够激发学生课堂兴趣的课堂情境，进一步对学生提出问题，引入该节课的教学主题，并使学生了解自己在该课堂教学主题方面的情况。该环节的作用主要是激发学生对课堂的兴趣，引出在学生中存在的问题，并使学生了解自己在这方面的情况，更清晰地认识自己、、了解自己。情绪情感直接影响到人们认识活动的方式方法，影响着人们的动机决策和人际关系的处理。在教学情境中，教师通过引导学生对教学情境的体验，调动学生相应的情绪情感，激发个体的主观能动性，引起学生身心和活动的变化，从而达到通过体验获得相应的认识和情感的教学目的。没有学生相应的情绪情感参与的教学不是真正意义上的教学。

3. 在分享中体验

心理健康课的分享环节，团体成员围坐在一起，开展各种各样的"团体"活动，即心理素质训练活动。活动结束之后，教师和学生彼此交换意见、互诉心声，分享各自过去的经历，讨论以后可能遇到的难题及可行的解决方法，增强处理问题的能力。在这个教学环节中，每个成员都体验着自己曾经的经历，同时在细心倾听他人分享的时候也能够体验到其他成员所经历的感受，在一定程度上可以预防心理问题发生或减少心理问题发生。

4. 在感悟中体验

在该环节中，教师针对心理活动课具体的教学内容，让学生联系实际，反思自我，对自身的问题有更清醒的认识，积极调整对自我的认识，达到解决问题的目的。还要积极地发挥自我潜能，举一反三，在各种各样的挫折与困难面前意志顽强、坚韧不拔，成为生活的强者。

5. 在反思中体验

这是课堂的最后一个环节。这个环节主要是利用心理暗示的作用和效果，教师给学生布置一些与该节课堂教学内容有密切联系的非常好的电影、文章、诗句、漫画等，让学生观赏和阅读，对学生进行积极的心理暗示，进一步强化学生的学习积极性，达到学习自主的目的。每堂成功的课，教师在"分享"和"感悟"环节都要注意引导学生。在"分享"环节，开展的是各种各样的心理训练活动，这些活动会不会流于形式，是不是为做活动而活动，要看教师是否帮助学生去"感悟"。活动是教学的一种手段，而不是教学的目的。目的是活动之后引发学生感受、讨论，是让学生学会开拓思维，启动心灵的对话，触动学生的内心，以使学生形成稳固的知识内化，再自觉外化的行为。

二、心理健康教育课的学生主体性

（一）心理健康教育与"学生本位"

"学生本位课程"是熔学科课程与"活动课程"于一炉的新型课程，它体现了当代建构主义教育思想的基本理念，也体现了课程的丰富内涵，即课程是为学生的全面发展而提供的一切经验。它既包括各门学科的系统知识，也涵盖教育性活动所提供的满足学生兴趣和需要的课程素材，还可以包含学生课外和校外的直接经验。"学生本位课程"以学科为基础但又不囿于学科的限制，高度重视学生已有的经验和知识在知识建构中的作用，充分利用课程实践中师生之间和生生之间的互动与交往所生成的课程素材。"学生本位课程"也超越了"个人本位"课程和"社会本位"课程的对立，因为这里所指的"学生"是个体也是集体，而适应其全面发展的课程当然也是适应当代社会发展的，并且是面向未来的。心理健康教育课程从这一观点出发，在心理健康教育课程的制定上十分重视学生本位的观点。

现代教育要求坚持主体教育观和个性发展观，心理健康教育站在学生的立场上，把学生作为教育主体，把促进学生的个性发展作为目标，从这一意义上看，心理健康教育课是一门以学生为主体的学生本位的课程。

学校心理健康教育课程的实施过程是教师促进学生主动建构心理的过程。在此过程中，教师的作用是为学生理解和建构心理知识搭建"脚手架"。因此，课程实施必须从学生的已有经验出发，通过创设一定的情境、开展小组合作活动，促进学生原有经验发生转化并形成新的理解。学生是学校心理健康教育课程的中心，学校心理健康教育课程必须充分凸显学生的主动性，使课程成为学生自主建构心理的实践活动过程。要实现心理健康教育课的学生本位，必须充分发挥学生主体性的作用，在课程中尊重学生的主体地位，让学生成为心理健康教育活动中的"主角"。

（二）心理健康教育课重视学生主体性的原因

主体心理获得健康发展是心理健康教育的目标。心理健康教育的目标是要遵循学生心理发展规律，为学生完成从"生物人"到"社会人"的转化提供积极的帮助，并不断启发学生的心理力量，激发学生的潜能，引导和激励学生了解自我、改善自我、建设自我，并不断提高心理素质，进而成为适应社会、受社会欢迎的人。心理健康教育课在实践中致力于启发、帮助、引导、激励学生，是为了使学生真正做到认识自我、完善自我，从而提高自己的心理素质，成为身心健康发展的人。

心理健康教育通过课堂教学，在教育的整个过程中，充分以学生为主体。心理健康教育过程中的教育者对学生中存在的这样那样的问题不是简单地做出判断和结论，也不是将个人的主观愿望直接变为学生的要求和愿望，而是真心诚意地与学生相互沟通，让学生坦诚地亮出自己的内心世界，并逐步引导他们进行自我分析、自我判断，在此基础上，教育者再进一步提出供学生采纳的建议，让学生独立思考后根据个人实际情况自己采纳有关建议，并转化为自己的行动。因此，在心理教育的整个过程中，学生是心理发展的主体，是主动者，而不是被动者。若没有学生的自我分析、自我思考、自我选择，光有教育者的积极、主动、热情、真诚是不能将教育者的建议化为个体自身行动的。主体的变化和发展是心理健康教育效果的最终体现。检验心理健康教育效果的最终标志是主体的变化和发展，而不是其他任何方面。在心理健康教育过程中，若学生能主动积极地投入并克服自身的各种不良情绪和心理偏差，提高自己的心理品质和心理素质，就说明心理健康教育已取得了良好的效果。反之，心理健康教育对学生帮助、触动不大，学生的不良情绪和心理偏差仍没有得到克服和矫治，就说明心理健康教育并没有收到预期的效果。学生是其意识活动的主体，也是整个教育活动过程的主体。心理健康教育课程目标是预防或减少学生心理问题的发生，引导和促进学生心理健康的发展，与其他传授系统科学知识的科目极不相同，因此，学生为主体的原则在心理健康教育课中尤为重要。

（三）如何发挥心理健康教育课学生主体性

1. 树立正确的学生主体观

心理健康教育授课者要始终保持这样一种观念：学生绝不是被动的知识接受者，而是主动的积极参与者。每个学生都有不可低估的潜能，有改变自我、完善自我、发展自我的能力，也有参与教育活动的积极性。在教育过程中，教育者的作用主要体现在为学生提供可选择的方法，鼓励他们去选择、思考、实践。或者说，教育者主要起到引导的作用，要让学生靠自己的力量去体会、感悟，以达到提高自身心理健康的目的。

2. 以积极的眼光看待每一位学生

心理健康教育课能否取得预期的目标，关键在于学生是否主动积极地参与其中，学生不主动参与，心理健康教育课是无法顺利进行的。因为个体存在差异，在心理健康教育课的活动中，难免会有同学存在自卑、退缩甚至是抗拒等心理状态，不能预期每个学生都能主动参与。面对这种情况，教育者要做的不是沮丧甚至放弃，而是要用积极的眼光去看待每一位学生，捕捉每一位学生身上的闪光点，挖掘每一位学生的潜能。

3. 教育内容要符合学生的心理发展需要

要让学生对我们所进行的心理健康教育活动有所反应，首先应考虑的问题应该是如何去激发学生内心深处的需要。因为只有这样学生才能把心理健康教育活动看成是和自己息息相关的事，才能把自己的主动参与性提到最高点。因此，心理健康教育课程内容的设置应当以学生所关心的热点为主要内容，满足学生的心理发展需要，这样才能保证学生在心理健康教育活动中表现出较大的积极性和主动性。

4. 教育方法要适合学生的心理特点

学生喜爱活动，思维活跃，易于接受新事物，参与意识强。针对这些特点，应以开展课堂活动作为心理健康教育课的基本形式。活动有其他形式不能代替的优点，比较接近现实生活，因此可以吸引大部分的学生；活动还能满足学生的表现欲，在活动中，学生进入特定的情境，情感投入也较充分。活动的形式是多种多样的，比如：团体辅导、小组辅导、同伴辅导的互助活动，以专题讨论、角色扮演、情境体验、游戏等活动形式进行的小组或集体辅导；，以讲座或课程的形式传授给学生心理健康教育知识，让这些知识在互助活动或小组、集体辅导中加以运用，去解决一些心理问题等。

5. 尊重学生，让教师成为引导者，让学生成为课堂主人

心理健康教育课堂活动是由师生共同协作来完成的，教师的工作应该是协助学生、为学生提供建议，而不是包办学生的一切事情，整个活动的过程应自始至终地体现学生的主体地位。老师只有尊重学生，承认学生的主体地位，在活动中学生才会开放心灵、表露自我。为此，在课程活动设计中应给予学生最大的空间来发挥他们的能力；在心理健康教育课程实施过程中，我们应鼓励学生发表自己的看法，探索解决问题的办法，进行自我情感的宣泄；在与学生的交往中，教师应避免使用命令性的口吻，多与学生商量等。

三、心理健康教育课的生成性

（一）心理健康教育课程生成性的理解

心理健康教育课程的实施过程，不仅有体验、感悟，还要拓展到有新的生成。充分的交流、分享，就是为了在体验、感悟的基础上通过互动再生成。从生成的广度来说，要联想到做人、处事的相关方面；从生成的深度来说，要触及学生的内心世界，要涉及情感、态度和价值观的层面。在心理健康教育课程实施过程中的这些生成，都是没有教师"教导"的生成，是学生"活动-体验-感悟-互动-内省"下的生成，是一种近乎完全的自然生成，有相对持久的效果。

学校心理健康教育课程的服务对象是绝大多数心理健康状况正常的学生，课

程实施的目的是帮助学生解决成长过程中遇到的各种发展性问题，充分开发学生的潜能，促进全体学生的心理在原有基础上得到可持续发展。学生心理的建构过程也是其自我不断生成的过程，自我的生成又不断促进其心理建构。因此，课程不应该是事先设定好的静止物或一件成品，而是一个不断前进的过程。就学生来说，当其接受心理健康教育时，也不希望听命于某个固定的程序，而是期待有所发现、有所感悟，并尽情表达心灵深处的情感。据此，学校心理健康教育课程的实施是一个生成（而非预设）的过程，是教师与学生借助现实活动而进行协作的过程，它具有不确定性和建构性。

传统学科课程的运作，是展示业已设计好的"课程蓝图"的过程。课程实施者的职责就是忠实地执行已经制订好的课程计划，运作的程序是固定的，结果也是在预料之中的，整个进程是机械的、线性的，这些都表明了传统学科课程的静态特征。相反，受建构主义认识论影响的心理健康教育课教学范式，强调学生自身作为一个开放的系统所具有的自组织特性，把学习看作主体对自身的认知结构的主动建构过程，主体的发展就体现在建构过程之中。在心理健康教育课程中学生心理建构的过程就是自我不断生成的过程，自我的生成又不断地促进心理建构。这正如罗杰斯所言，自我和人格是从经验中涌现的，而不是解释或扭曲经验使之适合预想的自我结构。因此，非程序化的、具有活动课程特征的心理健康教育，是不可以在事前借助现存资源和答案进行"完备"设计的，指导者也不能真正控制、左右课程的进程。课程运作的每一个环节都可能面临众多未知的、偶然的因素。对于学生来说，当其进入心理教育过程时，也并不希望听命于某种固有的程序，只是期待着某种发现、感悟或是帮助，尽情表达心灵深处的情感。在这种状况下，他们宁愿成为一个变化的过程，而不愿做某种单纯的成品。

学生成为活动中自主建构的主体，指导者则是提供建构的情境，学生在自主建构中不断诞生新的自我，课程的设计在自我的逐步生成过程中流动，自我的每一步新生都伴随着课程的不断设计、更新和延展。

（二）促进心理健康课堂生成

1. 目标明确，有的放矢，充分预设

心理健康教育课堂具有不可预定性，其随机性造就了许许多多的生成性问

题,教师在预设时,不可能穷尽也不必穷尽课堂的可能变化,而要凭借教育智慧在教学机制中生成。

同时,心理课程追求的是有效课堂,课堂教学有其自身的规律,它的时间有限而教学内容随时发生变化。因此,在动态生成的心理健康课堂教学过程中,必须集中更多的时间和精力从事那些有效果的和有创造性的活动,加强学生对心理情境的体验以及激发学生的积极思考,创造一些新的方法去应对各种心理困扰。

我们在课前设计教案时,要依据学生的知识水平、心理状况,以及教学内容的难易度和自己积累的教学经验,设计教学环节。在每个环节中,教师要针对教学过程中学生可能生成的内容尽可能多地提出假设性预案,但任何预设都应具有科学性和预见性,教师和学生一起对这些猜测进行讨论和思考,把心理健康知识内化,使之能够在此基础上再产生一些新的想法。教师事先必须对尽可能多的猜测结果进行预设,让学生充分思考,分享自己的想法,然后再做点评。

2. 营造氛围,激发生成,促进生成

良好的课堂气氛能使学生学习的思维处于最佳状态,而紧张的课堂气氛则很难调动学生学习的积极性。只有营造和谐愉快的课堂环境,才能使学生将潜力发挥出来,对学生提出的独特想法要特别呵护、启发、引导,不轻易否定,切实保护学生"想"的积极性和自信心。此外,还要为学生提供自主学习、活动的时间和空间,在教学中,让学生有足够的自学时间,有广阔的联想空间。

学习总是与情境相联系的,心理健康教育课与情境关系更加密切,在接近真实的情境下进行学习,可以使学习者利用自己原有认知结构中的有关经验去理解和同化当前学习到的新知识,从而赋予新知识以某种意义。所以,在生成的课堂中,若能提供相关情境所具有的生动性、丰富性,那么学生就会积极主动地参与课堂教学,积极生成,教师预设的新知识学习就会自然而然地发生。教师要认真钻研教材,深入挖掘知识的内在规律和新旧知识之间的相互联系,充分了解学生已有的认知结构,通过巧妙的形式激发学生的兴趣,诱发学生的积极思维活动,这样才能创设良好的问题情境。

3. 问题驱动,引导生成

问题是思想方法、知识积累和发展的逻辑力量,是生长新思想、新方法、新知识的种子，学生学习必须重视问题的作用。可见，问题对学生的学习有重要作用。所谓问题驱动就是在通过提问发动学生质疑的基础上，根据学习的实际，把握教材的整体结构，组织问题，进行课堂教学，在学生对问题本身的理解和解决中，达到知识的生成，即教师提出预设性问题，引导学生生成新的知识。

四、心理健康教育课的现实性

学校心理健康教育课程应从学生的心理实际出发，在生活世界中选择适合学生心理特点的典型材料，使学生在生活化的活动情境中通过自主认知、体验、反省提升心理品质。从这个意义上说，学校心理健康教育课程是发端于生活世界又依附于生活世界的一种新型课程，其课程内容不追求文本的知识性、学术性和结构性，而是注重心理生活场景的设计和情境的渲染，以及呈现具有生活气息的心理空间。

从心理健康教育的现状来看，心理健康教育置身的生活世界是一个人为地设计出来的生活世界。这个生活世界与真正意义上的日常生活如家庭、社会生活不同，广义上说，它是学校生活，这是经过处理或净化的生活世界，暂时剔除了存在于家庭和社会中的功利、利己的甚至是恶劣的现象和行为，将学生置于这样一个境遇之下：浓郁的学习气氛、关心与爱护的场景、权利与义务的并存、信任与归属的生成，等等。这样的心理健康教育难以体现生活的真实意义，这样的教育难以接地气，难以达到"适需"的需求。

心理健康教育呼吁回归生活世界的旨归也在于重新审视生活世界的教育性，以期通过生活中的教育事件实现学生的反思和成长。

（一）心理健康教育回归现实生活世界的诉求

1. 心理健康教育要立足于学生发展的实际

就目前的心理健康教育来看，存在着如下现象：其一，心理健康教育理论性强，远离学生生活实际；其二，心理健康教育中学生参与比较少，大多以说教为主；其三，心理健康教育更多关注心理问题解决技能的传授，面向全体学生的发展心理教育少。而这些问题存在的根源是现行的心理健康教育偏离其应有的生活世界基础，或者说心理健康教育中人为设定的生活世界难以适应心理健康教育真正教育意义的实现。没有生活作为基础的心理健康教育失去了学生尝试探索生活世界的机会，就如同空中楼阁，极易产生走向形而上的危险。

2. 培养个体掌握幸福生活的本领

心理健康教育回归生活世界的目的是让受教育个体学会在真实的世界中体味生活，掌握健康幸福生活的本领。心理健康教育的本质在于引导学生学会健康生活，使学生学会在真实世界里过一种健康的人生，哪怕现实生活世界是糟糕的。只有回归到生活世界中进行心理健康教育，才能真正发现受教育者所需，这样的教育也才能真正走进学生的内心，并让学生通过教师的引导自己去反思和体悟，主动探究掌握解决问题的本领。当教育者把在他们看来是善的东西澄明给未成年人的时候，也就把成人的方式传授给他们了，因为成人是一个过程，一个被社会化的过程，是风俗、习惯、惯例、政治、信仰逐渐内化的过程。因此，教育回归生活世界的主张不是简单的、直接的，不是回到未成年人所意欲的，甚至是充满任性的生活世界；回归不是降而是升，升到一个于社会和他人有用、于自身有益的生活世界，真实与健康、快乐与幸福是意欲升迁到的那个生活世界的根本性质。

（二）心理健康教育回归现实生活世界的实现路径

1. 树立以生活为基点的心理健康教育理念

心理健康与否关乎个体的正常生活。从发生学的角度来看，心理健康与否是和生活世界相互作用的结果。一个人是通过生活的过程来教育自己，而不是被别人教育的。生活是心理产生的沃土，心理健康与否来源于生活而且直接作用于生活，心理健康是生活中的心理健康，如果离开了生活来谈心理健康就失去了其实质的意义。心理健康教育的目的是更好地生活，更好地生活必须有健康的心理为基础，脱离生活的心理健康教育有走向形式化、抽象化的危险。需要树立以生活为基点的心理健康教育理念，通过生活世界对学生进行心理健康教育，引导学生在实践中体验，在体验中生成自我教育的意识。

2. 创设心理健康教育的生活世界体验场景

心理健康教育回归生活世界强调学生个体学会通过生活实践体验、感悟生活的真谛，养成积极的心态和健康的心理。因此，创设生活中的体验场景，使学生在实际体验中学会用健康的心理解决生活中的事件。如创设问题情境，让学生在情境中学会问题的解决，以及积极心态的养成。创设对话情境，让学生学会在交流中该如何通过对话达到预期的目的。创设不同生活世界中的体验场景，能够给予学生最真切的生活体验，教会学生学会用健康的心理生存和生活，即使面临的是最糟糕的现状，也能通过积极健康的心理从中寻找解决问题的办法。

3. 探索"问题解析式"的教育方法

心理健康教育实践应该积极创新教育教学方法，立足学生实际需要，积极探索"问题解析式"的教育教学方法，直面学生的困惑，让学生在参与中形成"直面问题、解决问题"的能力。心理健康教育的目的不是简单地传授理论，而是在帮助学生生成如何生存和生活的文化，把心理健康教育提升为通识教育、品格教育、能力教育。因此，在心理健康教育实践中，要在目的、对象、过程、范围上各有侧重。在目标上要强调实效性，立足于实际问题的解决；在对象上要强调针对性，立足于个体的实际需要；在过程上要强调参与性，立足师生互动；在范围上要强调全员参与，立足于全体学生的发展。探索"问题解析式"的心理健康教育即通过生活世界中的"生活事件"培养学生直面生活的勇气、掌握解决问题的方法、提升解决问题的能力。因此，通过相应的"生活事件"进行心理训练是心理健康教育回归生活世界、依托生活世界进行心理健康教育的重要生活教育资源。通过"生活事件"进行心理训练要本着适需的原则，满足学生发展和成长的需要，更好地服务于学生的成长。

第二节　大学生心理健康教育课程改革初试

一、大学生健康教育课程改革相关理论依据

教育技术学等理论，建构主义观点被越来越多地用到一些问题的研究中。它对传统的认识论进行了批判，并在已有的理论上形成了新的认识论、学习论和教学论。高校课堂教学改革应结合现代教育理论的成果，参考建构主义理论各派的

观点，吸取有益于改革的部分，从知识观、学习观、课程观、教学观、评价观等方面指导教学改革。

（一）建构主义的学习观

1. 建构主义的知识观

建构主义知识观认为知识是主动建构的，而不是被动接受的。心理学家奥苏贝尔强调学习者已有经验的作用，认为新知识的建构是将新旧知识联系起来，将新知识纳入原有知识体系中。因此学习者只有通过自身的建构，赋予知识自己的理解，才能吸收知识。建构主义知识观还认为知识是个人经验的合理化。每个学习者对于知识的建构都是在已有知识经验的基础上，每个主体所建构出的知识不一定是真实世界的反映，因此知识并不能说明世界的真理性。知识是个体与他人经过协商达成一致的社会建构。建构主义虽然认为知识是个体经验的合理化，但是对于知识的建构也不是这么随意，需要与其他人所建构的达成共识。

2. 建构主义学习观

第一，学习不只是把知识搬到学习者的脑中，还要以自身已有经验背景为基础，主动对所接受信息进行加工、整理、分析，从而将外界信息构建成为自己的内部知识。因而学习是主动建构意义的过程，所以这个建构过程是别人所无法代替的。

第二，构建新知识的过程，就是外部信息与内部已有经验之间相互作用的过程。外部的知识只是纸质基础上的知识，没有什么具体的意义。只有将外部知识进行重新解读、编码，使之成为内部的经验，才能获得新的意义。同时也不能无视已有的知识经验，应将已有的背景经验作为新知识的"生长点"，通过建构新的知识经验不断调整已有知识结构。

第三，建构的意义根据各自的理解各不相同。每个学习者过去储备的知识数量和程度都有很大差别，甚至对某些问题的经验完全为零。面对这样的问题时，学习者都会将对这个问题的理解加注在相关的经验之上，建构新的意义。不同的背景经验建构出的新知识都是不同的，体现了学习者的个体差异性。

第四，建构主义者很注重学习过程中的讨论和交流。通过合作学习，学习者可以看到对相同问题的不同理解，从而充实自己已有的知识结构，加深对问题的理解；对于与自己认知相向的理解，可以通过比较判断正误，纠正自己错误的认识。通过相互讨论，学习者还可以得到更多的看法，开阔思维，学到新的知识，重建新的知识经验。

第五，建构主义学习观要求学习者积极地、有目的地进行积累性学习，同时还要经常对学习过程进行诊断和反思。在建构主义学习中，学习者应当积极主动地开始学习，并且鼓励学习者确定明确的学习目标，并通过各种不同的途径达到相同的目标。学习的积累不是量的积累，而是质的飞跃。

（二）建构主义的教学观

从教学目的来看，学生是知识的主动建构者。传统教学通过教学目标制定教学内容和教学计划，甚至以教学目标的完成度来评估教学质量和教学结果。传统教学的目的是帮助学生了解世界、认识世界，而不是鼓励学生自己分析解决遇到的问题。在建构主义学习环境中，教学的目标是学生对知识的建构过程，强调学生的主体位置，注重学生创造性思维的发展。教学就是要为学生创建一个主动构建知识的环境，培养学生的主动性和创新性。

从教学模式看，建构主义就是要为学生构建一个以学生为中心的教学环境。在教学环境中，教师作为指导者、引路人引导学生建构知识体系，利用多种教学模式刺激学生主动积极地学习，最终使学生达到知识有效构建的目的。

1. 情境教学

首先，情境教学法将教学放置到具体的现实情境之中，以解决学生在现实生活中遇到的问题为目的。情境教学的内容应选自现实生活中真实的问题，不能将其处理成简单的模型使其失去现实意义。在解决此类问题时，可能会涉及多学科的知识，情境教学主张弱化学科之间的界限。其次，情境教学所解决的问题不是教师事先准备好的，它的提出过程类似于现实中专家研究某类问题的探索过程，教师建构与之相适应的学习环境给学生，引导学生发现问题的矛盾点，并通过积极探索寻求解决方案。以大学生的认知发展水平来看，基础知识的获得可以由自学为主，他们完全具有这样的能力。因此，教师可以将课堂的重点放在情境的构建上，更多地培养学生的思维能力。

2. 支架式教学

在支架式教学中教师的作用类似于支架，帮助学生建构和内化所学知识和技能，以提高学习者的认知水平。通过教师的支架作用，慢慢将学习的任务由教师转移到学生身上，教师引导学生逐渐将知识内化为自身的经验，并在建构过程中加以矫正使其建立正确的知识结构。

3. 随机通达教学

学习者在对知识信息的建构中，根据以往经验的不同，对所建构的知识理解也各不相同。随机通达教学就是对同一问题建立不同的学习情境，在不同的背景下让学习者对同一知识建构不同的意义，从多个角度全方位地理解问题。教师要指导学生对不同意义进行比较和判断，进而搭建属于自己的知识体系结构。

4. 自上而下的教学

传统的教学是从基础知识出发，逐级向上探究问题，但是建构主义遵循完全相反的路线，自上而下地教学，以问题为出发点，探索和研究解决问题的方法，最终在探究过程中建构知识意义。建构主义更加注重合作学习，鼓励教师和学生之间相互交流，在交流中做到教学相长。

5. 大学生心理健康教育课程改革建议

第一，丰富教学方法。教师在教学过程中应关注大学生的心理需求，提高大学生环境适应能力、自我管理能力和情绪调节能力，提高心理素质。要做到这些关键在于在具体的教学过程中根据教学目标实施有效的课程教学方法。教学过程中应改变以往一言堂的教学方法，将心理教育课程性质定义为实践技能课。教学过程中可灵活运用讲授法、心理测试法、心理游戏等。丰富、灵活的教学方法能够充分调动大学生学习的主动性、积极性，能够诱导大学生带着积极的情感体验参与课堂教学，形成师生的互动、交流，使学生在轻松、愉悦的气氛中习得知识，有利于提高大学生理解、应用、分析、解决问题的能力。

第二，课堂教学与课外实践有机结合起来。为实现心理教学目标，应将课堂教学与课外实践有机结合，高校心理健康指导教师应注重心理健康教育课程知识的延伸和挖掘，把课堂教学与课外实践视为一个完整的教学体系，经常组织学生积极参加社会、学校组织的各类专题讲座和公益活动，鼓励学生积极参加学校和班级开展的各种活动。教师应引导学生挖掘讲座和活动积极的思想、向上的动力，结合课堂教学内容，循序渐进培养学生积极、健康向上的心理状态。

第三，关注评价，及时指导。为提高大学生心理健康教育的有效性，更好地实现大学生心理健康教育的目标，高校教学管理人员和心理健康指导教师要关注心理健康教育课程的评价。心理健康教育一方面要关注课堂心理健康知识的掌握，另一方面也要关注大学生心理健康教育课程目标的教学效果。不能武断地仅用考试分数作为衡量教学效果的唯一标准，具体的教学实践中可结合实际采用心理测量、行为观察等方法来对教师的教和学生的学进行客观、公正的评价。客观的教学评价有利于及时指导教与学的方法和策略。

第四，利用网络平台，渗透心理教育。随着经济社会的发展和科技的进步，网络被广泛地运用于生活的各领域和教学的各环节。高等院校可利用大学生乐于通过网络进行交流的契机，充分发挥校园网等丰富的网络教育资源作用，建立心理健康教育网络，给广大师生提供一个开放式学习、交流心理知识的现代化网络平台。心理健康指导教师可实行网络心理咨询，方便学生随时进行心理咨询。

二、大学生健康教育改革的必要性

（一）新课改对高校课堂教学改革的要求

1. 基础教育课程改革的理念

课程改革在本质上是对课程系统中理论与实践进行的有计划的、复杂的改革，使其实现预期目标的过程。原有的课程理念只重视传授和积累知识，而不注重搜集、处理信息；只重视教育结果而不重视教育过程，因而不适应知识信息急剧增加的社会发展现实，需要建立新型的课程理念。由于未来社会对人才的素质要求是多方面的，要使新课程能够促使学生更好地发展，未来的课程改革应该贴近时代脉搏，注重学生素质的提升，关注课程试验和德育课程改革，促进信息技术与课程的整合，加强基础学科和综合课程的建设，设置多样化的课程，并使课程评价多元化、课程体制弹性化。

2. 基础教育课程改革的目标

（1）学生的均衡发展

新的课程计划确立了我国基础教育"两段设计"的新构建，课程结构要求对学生学会求知、学会做事、学会共同生活、学会生存和发展能力的培养。新课程所要培养的是德智体全面、和谐、均衡发展的人。新课程应在课程结构上均衡地安排各学科，将分科课程和综合课程结合起来；在课程内容上要合理地取舍和规划。

（2）学生的个性发展

新课程在促进学生均衡发展的同时，还需要关注学生的个性发展。个性发展更重于知识、技能的发展，学生应首先是一个有个性的人。学生的这种个性需要从学生与自我的关系、学生与他人和社会的关系、学生与自然的关系三方面进行培养。

（3）学生的自主发展

基础教育课程改革要关注学生的主体性发展，教师应成为学生自主发展的引导者，积极实现学生学习方式的革命。在教学上教师尊重学生；在学习方式上要发展学生的探索能力，使学生成为学习的主人；在评价上要促进学生的发展，从而进一步提升学生的自主性、能动性、创新性，为学生的终身学习打好基础。

（二）学生心理发展对高校教学改革的要求

1. 新课改下大学生心理思维发展的特点

大学生思维的发展是在高中生的基础上进行的。在新课改的背景下，现今高中生较之以往的学生出现了新的特点，在此基础上发展起来的大学生思维也具有新的特征：思维独立性更强，遇到问题喜欢独立思考并能独立分析解决的办法，寻求多种解决途径；初步形成批判性思维，对接受的知识不是照单全收，而是经过初步的思考和判断才接受，在判断过程中能提出新的想法；思考问题时的广度增大，考虑问题时能从多个角度去衡量，同时较之高中阶段思考的深度也不断加深，更注重探究事物的本质；形象思维和逻辑思维向较高的阶段发展，在学习新知识时，根据新高中课程已建立的知识体系，学生能主动去抽象问题将之与已有经验结合起来，总结归纳新的知识，抽象思维向更高的阶段发展并占主导地位；创新性思维在高中课堂教学中得到了初步的培养，具有一定的创新性思维的基础，能更快地适应改革后的高校课堂教育。

2. 以学生发展为中心，促进高校课堂教学改革

课堂教学是师生双方的教与学，只有更清楚地了解当下学生的学习心理和思维发展，才能更好地做出对策以提高我们的课堂教学质量。对于新课改背景下培养出来的学生，我们不能以旧的眼光去看待，不能以旧的标准去要求，不能以旧的课堂去教育，只能革旧出新，探索出新的适应当下学生发展的新课堂，努力培养符合时代发展的新人才。高校的教学方法从注入式教学到启发式教学、到创意式教学，不同方法的运用都应与学生的身心发展水平相适应，同时又具有一定的超越性；应灵活多样，能够促进不同发展水平的学生共同发展；应有利于促进学生创新能力的发展，有利于体现学生主体作用，促进学生自主学习能力的发展。在教学中要注意教学的广度和深度，注意所学课程与其他学科之间的联系，在提高理论知识的基础上加大深度。总之，以学生发展为中心，促进高校课堂教学改革，就是要充分考虑学生的学习心理和发展思维。

第三节　大学生心理教育课程改革后的教学设计

一、课程教学设计的基本特点和功能

教学设计是指教师在教学工作开始之前，根据现代教育理论的基本观点与主张，依据教学目的和要求，通过对课堂教学过程中各要素的系统分析，确定合适的教学起点，创造一种教学活动模式，并形成有序的操作流程，其目的是指导教学工作的有效实施。良好的教学设计是优化教学资源、提高教学效率的重要措施。

（一）教学设计的基本特点

1. 教学设计是为课堂教学活动制定蓝图的过程

教学设计规定了课堂教学的方向和大致进展，是师生课堂教学活动的依据。课堂教学活动的每个步骤、每个环节都将受到教学设计方案的制约。通过教学设计，教师可以对课堂教学活动的基本过程做到整体把握，可以根据课堂教学情境的需要和教学对象的特点确定合理的教学目标，实施可行的评价方案，从而保证课堂教学活动的顺利高效进行。另外，通过课堂教学设计，教师还可以有效地掌握学生学习的初始状态和学习后的变化情况，及时调整教学策略、方法，采取必要的教学改进措施。

2. 教学设计的基本方法是系统的方法

系统的方法是指把对象放在系统当中，从系统和要素、要素和要素之间的相互联系和相互作用的关系中综合地、精确地考察对象，以达到最优化处理问题的一种方法。教学设计是一种全方位的系统的科学设计，它由各个部分有机地构成一个整体，各个环节相互关联、共同有效地运转。教师在教学设计时需要分析课堂教学系统各因素的地位和作用，使各因素有机结合，发挥最佳效用。

3. 课堂教学设计是一项富有创造性的工作

创造性是教学设计的一个基本特点，也是它的一个最高表现。面对千差万别的学生，课堂教学不可能有一套刻板的程式。教学设计的过程，也就是教师在创造性地思考、深入钻研教材的基础上，根据不同学生特点，创造性地设计教学实施方案。

4. 教学设计具有灵活性和具体性的特点

教学设计具有一定的模式，需要按照既定的流程进行，但是教学的实际工作往往不一定按照特定模式线性展开。教师应该根据课堂教学的不同情况和要求，决定重点解决哪些问题，略去一些不必要或者无法完成的步骤。此外，教师面对的是一个个鲜活的生命个体，在课堂中就有可能出现一些意外的、无法预知的新情况，需要有灵活性。教学设计的具体性是因为教学设计针对的是课堂教学中的具体问题，它的每一个环节都是相当具体的。比如教学内容的选择，教师要根据教学目标的要求，结合学生的实际水平，对学习材料进行再加工，通过取舍、补充、简化，重新选择有利于目标实现的材料。另外，教师对选定的教学内容还要进行序列化安排，使之既合乎学科本身的内在逻辑序列，又合乎学习者认知发展的顺序，从而把学习材料的认知结构和学生的认知结构有机地结合起来。

（二）课堂设计的功能

1. 有利于课堂教学的科学化

现代教学设计是从教学的科学规律出发，对教学问题的确定、分析，对解决问题方案的设计、实行乃至于评价和修改等系列教学设计的内容和程序都建立在科学基础上，从而将教学活动的设计纳入科学的轨道。

2. 有利于课堂教学效率和效果的提高

要对学习需要、学习内容和学习者进行客观分析。在分析的基础上，对内容的再提炼和对方法的选择，使得课堂教学活动得到最优化。教学设计让教学活动更富有吸引力。教师运用相应的教学策略，采取了有效的教学方法和教学形式，更好地促进了学生的学习。通过这一系列巧妙安排、精心策划，无疑会增强学生的学习兴趣，提高其学习的积极性。

3. 有利于教学理论和教学实践的结合

教学设计不是一种直觉的冲动，而是一种理论和方法的统一。它既有一定的理论色彩，同时又是明确指向教学实践的。一方面，通过教学设计，可以把已有的教学理论和研究成果运用于课堂实际教学当中，指导课堂教学工作的进行。另一方面，也可以把教师的课堂教学经验升华为教学科学，充实和完善教学理论，这样就把教学理论和教学实践紧密结合起来了。教学设计成了一架沟通教学理论和教学实践的"桥梁"。

4. 有利于教师成长和发展

课堂教学活动不仅是一种信息传播过程，更是一种艺术表现过程。没有高超的教学技巧，把握不了教学的艺术性，也不可能有好的课堂教学。我们知道，知识经验和实践是教师专业技能发展的重要因素。教学设计则为教师的成长提供了一条有效途径，通过教学设计不但可以迅速地掌握教学的基本原理和方法，而且在实践中的熟练和提高，最终促进教师的成长。

（三）心理健康教育课程教学设计理念

心理健康教育课程化并加强课程教学设计的研究，就是为提高学生的心理素质提供设计蓝图。学校心理健康教育课程教学，应该突破传统的认知模式和教学方式，代之以开放性、建构性和创造性的教学新理念。

1. 重新定位心理健康教育的价值取向

由重障碍排除、重差错矫正的教育模式转变为重发展、重预防的教育模式，由服务于少数人转为面向多数人，由消除心理障碍为目的转变为培养积极心理品质，促进心理发展为目的。树立一种真正意义上的心理健康教育理念，以全面推进学校的素质教育。

2. 充分发挥心理健康教育的主渠道作用

营造轻松愉悦、富有安全感和充满艺术性的课堂心理氛围，建立民主、平等、尊重的师生关系。运用多种适合学生的教育策略方法，让学生浸润在心理体验和心理感悟当中，从这种体验和感悟当中发现心理成长的契机，转化为生活、学习当中的实际行动。

3. 以开放的课堂教学接纳学生

以开放的课堂教学接纳学生包括：①师生关系的开放，人格上建立一种民主、平等、和谐的师生交往关系，视教学的需要而调整和转换角色，教师可以是指导者、学习者和兄长、朋友；②教学空间的开放，教学空间可以由课内向课外乃至校外延伸，变固定空间为弹性空间；③教学过程的开放，以学生的课堂表现、课堂需要作为教师调整课堂教学的基本依据，教学全程是动态的、发展的。

4. 探寻建构式教学的新型教学观和教学方式

鼓励学生主动参与、主动探索，积极主动地获取有关心理健康的知识，提高心理素质，以适应学生的认知方式，满足其求知探究的进取精神，这是心理健康教育课程设计的主要目标。

5. 通过创造性教学全面提高学生的素质

教师要留给学生广阔的思维空间，鼓励学生新颖的创意，尊重学生的不同意见。同时，注意教学内容的组织，运用变式教学，激发学生的学习动机和学习兴趣。特别要从提高学生认识、情感与行为技能的角度设计教学活动，强调学生的主体地位与主体需要，通过课堂教学促进学生潜能的开发、创造性的培养。在以创新教育为主的现代教学中，更应以培养学生的创新精神和实践能力为重点，这是学校心理健康教育课程设计的基本出发点。

二、心理健康教育新课程教学设计的基本要素

教学设计应包括以下要素：第一，学生及其需要的分析；第二，教学内容的分析；第三，教学目标的确定与阐述；第四，教学策略的制定与教学方法的选择；第五，教学媒体的选择和运用；第六，教学评价的设计。

（一）学生特征分析

学生特征分析就是要了解学生的学习准备状态和学习风格。学习准备包括初始能力和一般特征两个方面。初始能力是指学生在学习某一特定的课程内容时，已经具备的有关知识与技能的基础以及他们对这些内容的认识和态度；而一般特征是指在学习过程中影响学员的心理和社会的特点，包括年龄、性别、学级、经历、学习动机、个人对学习的期望、社会、经济、家庭等背景因素。学生之间的个别差异，教师在教学时要做到心中有数，沟通和教育方法也要做相应的调整。

（二）教学内容的分析

学习内容分析是根据总的教学目标来规定学习内容的范围和深度，并揭示学习内容中各个组成部分之间的联系，以实现教学效果的最优化。学习内容分析以学员的学习结果为起点，并以起点为终点，是一个逆向的分析过程。

（三）教学策略

教学策略是指教师教学时旨在优化教学效果的教学操作指南，是对为完成特定的教学目标而采用的活动的程序、方法、形式和媒体等因素的总体考虑。对于教师可操纵的各种教学变量，都可探索其相应的教学策略。这里的教学策略涉及教材的讲解、教学媒体的使用、问题及解答方式、测试及反馈原则、师生互动

等。具体来说主要涉及以下内容：首先，教材处理策略，即怎样用学生可接受的方式呈现心理学教材，以提高学生对教材理解、接受的效率；其次，心智技能提高的教学策略，即如何使学生有效地把握心理健康教育课程中的概念和它们之间的关系；再次，教学方法运用的策略，即如何根据实际情况引起学生学习的准备、维持他们的兴趣、强化和调节他们的行为；最后，教学组织形式选择的策略，即心理学教学要根据主客观条件，恰当选择集体授课、个别化学习、小组相互作用等形式。

（四）教学目标

教学目标是预期学生通过教学活动获得的学习结果，即学生通过教学活动要达到的学习标准。也正因如此，教学目标常被教师表述为学生的学习目标，具有指导教师进行教学评价、选择教学策略、指引学生学习等一系列功能。因此，教学目标是教学活动中最先考虑的要素，是教学设计的首要环节。心理健康教育课程教学目标的表述应是大学生的学习结果，包括言语信息、智力技能、认知策略、动作技能和情感，并且力求明确、具体，可以观察和测量。

（五）教学媒体

对教学媒体的选择，是教学准备工作的一项重要内容。要符合教学目标、教学任务和教学内容的要求，不同的教学目标需要使用不同的教学媒体去传递教学信息，不同的教学任务要求教师采用不同的媒体和方法去完成，而不同性质的教学内容对教学媒体也有不同的要求。同时要考虑学生的需要和水平，不同年级的学生有着不同的认知能力和思维特点。另外要考虑教学媒体的功能、特点和教学条件的影响，不同的媒体在不同的环境下会产生不同的教学效果。

（六）教学评价

教学评价是指系统收集、分析有关学生学习行为的资料，以确定其实现教学目标程度的过程。从根本上说，就是对学生行为变化的教学价值判断。在进行心理健康教育课程的教学设计时必须重视教学评价，从而为师生调整教与学的行为提供客观依据，使教学效果越来越接近预期的目标。而教学评价的首要条件就是确定统一的指标。由于教学设计的成果较多地体现在课堂教学中，所以心理健康教育课程教学评价就必须考虑课堂教学中的两种极为重要的评价指标。一是与目标因素有关的指标。这种指标一般分为知识、技能和情感三个方面。二是与学生因素有关的指标。这种指标一般可分为学生表情、课堂提问、课堂秩序三方面。根据以上评价指标，对教学进行诊断性评价、过程性评价和总结性评价。其中，诊断性评价在学情分析时就应该考虑进行，为进行教学分析和制定活动提供依据。过程性评价则要贯穿整个学习期间，通过教师的适当反馈，鼓励学生进一步参与课堂活动。总结性评价是指在教学结束之前，为了解学生学习状况所做的评价，以便及时发现问题，调整教学有关环节，采取补救措施。

三、心理健康教育新课程的设计原则

（一）以学生为中心

学校心理健康教育课程要以学生为中心，学生是心理意义的主动建构者。心理健康教育课程是一种"为我"的课程，它要求从主体的需要、兴趣、动机出发，而不是依据外在的目标来组织和实施课程。主体始终处于活动的中心位置，要在活动中实现主体性发展和心理成长。因此，"自主性"是心理健康教育课程的精髓，心理健康教育课程促进学生心理品质发展的前提是学生自主性获得发展。

要充分尊重学生的主体地位，充分发挥学生的作用。这是因为：首先，心理健康教育的目的在于促进学生的成长和发展，而成长和发展从根本上说是一种自觉和主动的过程，如果学生没有主动意识和主动精神，处于被动的地位，教育就会成为一种强制性行为，变得毫无意义；其次，心理健康教育是一种助人与自助的活动，"助人"是手段，让学生"自助"才是目的。要达到自助的目的，只有让学生以主体的身份直接参与这一活动。

（二）以情境为中介

学习总是在一定的情境下进行的，不同的活动情境对人心理成长发挥着不同作用。真切的情境氛围为学生提供了易于感受、易于体验、易于激发的心理空间，使置身其中的每一个人都受到感染和熏陶，并激发起探究的意愿。学生的心理发展是无法通过直接传授心理知识而实现的，它必须借助良好的发展情境。情境设计的关键是强化主体的积极能动性，使之自主地投入活动，实现心理的自主建构。心理健康教育课程要提供真切的情境，把学生带入"可思可感"的境界，使之直指自身的心理世界，进而建构心理结构、生成价值理念。心理健康教育课程还强调心理知识的情境性和特异性，鼓励学生把学到的心理知识应用到自己的生活中，在生活的具体情境中总结和检验所学的知识，使学习走向"思维中的具体"。

（三）以经验为起点

学习是学生通过新经验与原有经验反复、双向地交互作用从而主动建构起自己知识经验的过程。我们应该把知识和能力看作个人建构自己经验的产物，教师的作用将不再是讲授事实，而是帮助和指导学生在特定的领域建构自己的经验。学生只有亲身经历，才能聆听到发自自身本性的、自我完善的声音。学生也只有在经验中才能使自己全身心地投入到对生命意义的追求中，才能使自身的知、情、意、行获得和谐发展。据此，学校心理健康教育课程的设计不能无视学生的原有经验，而要把学生原有的知识经验作为新知识的增长点。学校心理健康教育一个很重要的任务就是了解学生原有的心理经验。学校心理健康教育的根本途径不是教育者长篇大论式的说教，而应转向给学生提供丰富多彩的活动，在活动中发现学生的各种心理问题，并适时提供帮助。

（四）以活动为核心

学习是知识内化为经验、经验外化为知识的过程。离开了主体的活动，知识建构就无从谈起。心理学研究和生活实践表明：人的心理品质是在活动中展示和发展的。活动是主体与客观事物交互作用的过程，个体内部心理外显的过程，同时也是外部客观信息内化的过程。学生心理品质的发展是主体借助一定的教育引导在活动中自主定向、自主选择、自我完善、自我建构的结果。因此，通过活动来实施心理健康教育最为真实、最为自然。学校心理健康教育课程要求教师设计自主性活动，让学生在自主活动中实现自我教育。

（五）以过程为重心

学校心理健康教育课程具有过程性特点，它要求课程设计遵循生态化的过程视角，即以一种互动的、成长的、延展的生命观来建构课程内容，使课程获得生命关怀的整体意识，激发学生的生存意志和生命智慧。生命活动、生活事件是个体心理品质发展的平台，心理品质的发展存在于个体生命活动的过程中，存在于个体生活的具体场景中。心理健康教育课程不能依据理论逻辑而应依据生活逻辑来建构，要让学生经历个人的经验积累过程，并基于自我的生活经验来建构心理品质。在这个过程中，个体的主体自我（当下的我）与客体自我（过去的经验）互动，主体进行自我觉察、反思过去的经验并对之加以调整和提升。

（六）以合作为主线

在心理健康教育课程中，师生是民主平等的协作关系，教师是"平等者中的首席"。教师与学生的"对话"，是彼此尊重、沟通、理解的基础，内含相互的信息传递、思想启发、观点更迭、情感激发和智慧提升等内容。教师要尊重、理解、信任学生，以平等、宽容、发展的眼光看待学生，重视个体发展的独特性；要给学生充分表达的自由，让学生倾听"异己"的声音，"从外在于学生的情境转变为与学生情境共存"。而学生也不是被动地接受教师传授的知识和现成的理论，而是与教师共同探讨成长中遇到的各种心理困惑。

四、心理健康教育新课程的教学方法

心理健康教育课的教学方法，不同于一般的教学原则和教学规律，它更具有可操作性以及实用性，它主要解决了教师如何教的问题，对教师搞好教学工作有十分重要的指导作用。目前，心理健康教育课程的教学个别化倾向十分明显，每位教师对同一课题的教学方法差异很大，这就可能造成教学内容的传授有多有少，甚至有偏差。作为一名教师，如果思考得不够深入、研究得不够具体，往往给学生留下一种印象：心理健康教育课程的教学不太讲究方法。其实，心理健康教育课程的教学规范性决定了它必须强调教学方法。只有教学方法的不断建立与完善，才能使心理健康教育课程的教学科学化，才能解决心理健康教育课程的教学瓶颈，保证心理健康教育课程的主体地位。

（一）教学准备方法

心理健康教育课程不同于一般的文化课，教学主要体现的是学生心理活动的轨迹。因此，教师应创造一种融洽、和谐的氛围，让学生积极参与教学活动，真诚沟通，说出自己的心里话。教师的教学准备内容主要包括确定教学目标、选择教学内容、设计教学活动、收集相关资料（如案例等）支撑教学、指导学生做好必要准备（如小品表演、歌曲舞蹈、道具奖品等）。教师在教学之前的周密设计和充分准备是取得教学成功的根本保证，也是教师良好教学态度的真实体现。

精选教学内容是一个相当重要的工作。在构建和选择学校心理健康教育的内容时，我们不但要遵循教学内容选择的六条一般标准，即科学性、基础性、发展性、可接受性、时代性和多功能性。同时，还必须以适应和发展两个基本目标为主线和以本节课所要达到的具体的心理和行为目标为准绳，进行综合安排。所谓"综合安排"，主要考虑三个方面：一是根据个体心理发展的阶段性和连续性，结合总体和局部建构心理健康的内容体系；二是以生理、心理、社会性发展的水平、特点为出发点，针对学生学习、生活、交往和成长中普遍存在或可能出现的心理问题，进行各有侧重的教育，安排教学内容；三是照顾个别学生的特殊情况并结合课题研究，有针对性地安排教学内容。

（二）课堂教学方法

我们所熟悉的课堂教学方法一般都是以教师控制任务为中心的教学方法，如讲课方法、示范方法、问答方法和讨论方法。这类方法教师采取权威式或家长式的姿态，而学生具有较低的自由度。在心理健康教育课程中，除上述方法外，我们还提倡采用以项目为中心的个别或合作教学方法，如角色扮演方法、游戏方法、测验方法等灵活的学习方法。教师采取参与者或旁观者的姿态，而学生具有较高的自由度。然而，把"控制权"交给学生并不表示教师职责的放弃，也不表示教师不再需要仔细地安排教学活动。教师仍然要时时刻刻为学生的实践及心理安全负责。除了课堂讲授方法之外，用得较多的有以下四种。

1. 案例分析法

案例分析法是一种理论联系实际的教学方法，案例是案例分析法的核心，是学生分析讨论的依据，是理论与实践联系的纽带。案例，在心理健康教育里常常称为个案，它是指对现实生活中某种现象、事件或情境的真实记录和客观描述。作为案例，首先，应该是真实的，来源于学生的生活实际，是学生可能真切经历过或观察得到的，是一种真实情境的再现；其次，它应该具有典型性，能代表生活中的一类问题或事件，是学生在生活中可能会产生的问题，可能会做出的行为表现；最后，案例还应该具有启发性，能够引导学生深入思考，进而深化理解教学内容。案例分析法，就是在教师的指导下，根据教学目标的要求，精心选择若干个案例作为学生学习的基本内容，组织学生认真研读、深入分析、讨论交流、碰撞观点，从中找出需要解决的心理问题，分析心理问题产生的原因，找出解决问题的办法，最后归纳提炼，再延伸到实际生活中的一种教学方法。案例分析法以案论理、以理解惑，教师在教学中扮演着设计者和激励者的角色，有利于激发学生的学习兴趣，调动学生的学习积极性。学生通过对案例的分析、讨论和交流，领会掌握有关心理健康的基本知识，灵活运用相关的知识和技能，有利于提高学生运用心理健康理论知识解决实际问题的能力。教学实践证明，案例分析法既保留了传统教学经验的精华，又赋予其生动直观、理论联系实际的特点，是一种开放式、互动式的新型教学方式。

2. 心理测验法

心理测验法是指在课程中选择合适、科学的心理测验量表，组织测量学生的心理健康状况，以诊断学生的心理发展水平。可以从以下两个方面开展心理测试：一方面，量表的选择要有科学性；另一方面，量表题量不宜过大，以免学生因做题疲劳而影响测试效果。在众多各类的测量中，心理健康量表、适应量表和生活事件量表是必需的，心理健康量表可以了解学生在新入学的一段时间内的心理健康状况，心理适应量表可以了解学生对大学生活各方面的适应情况，生活事件量表可了解对学生影响较大的生活事件，为查找学生心理健康及适应方面的问题根源提供依据，同时为预防学生心理问题的发生提供参考。这些量表的测试结果都可以为教师开展心理健康教育课程设计提供重要资料。我们的课程要有针对性，教学内容要从学生中来，而不是从书本、教师中来，回归学生、贴近学生、适合学生的教学内容才能引起学生的共鸣，教学过程和结果也才能有效。

3. 心理电影赏析

心理电影赏析，就是从心理学的角度走进片中人物的内心世界，感受角色的心灵言语，通过对电影中人物的心理活动与行为表现进行剖析，揭示其心理内涵和深层次的生活启示，从而推动参与者对人类自身的再认识，学会在别人的故事里解读自己的生命体验，在深层次自我探索的基础上完善自我，促进个体的健康发展。而欣赏电影，剖析电影中的角色，这种寓教于乐的方式，比传统的课堂讲授，更能增加学生的兴趣和热情，使学生在分析过程中获得感悟和提升，并延伸至日常生活中，达到知、情、意合一。心理电影中的主人翁就像一个个现实的案例，他们的挣扎、彷徨和困扰，他们的奋起、抉择和成长，就像发生在我们身边或我们自身的故事一样，引起我们情感的共鸣，促进我们对自己的思考。在他人生命故事的延伸中，观众反观自我，更能看清楚自己，更深入地进行自我探索。观后分享感悟，在无形中拉近了师生间彼此的距离，促进了沟通和交流。

4. 心理健康教育主题活动设计

特别要注意活动内容与教学目标的一致性，不要为活动而活动，活动只是一种媒介，活动之后的讨论和分享才是重点，才可以把感性的认识上升到理性的高度。可以开展建立信任的主题活动。进入团体内的成员在初步相识后，需要进一步互相接触、互相了解，以逐渐建立信任的关系，互相接纳，减少防卫心理。通过这样的活动可以增进成员之间的理解，发展团体动力。可以开展自我探索的主题活动。让学生在适度的自我开放中，通过自我检查、自我觉悟、自我实践促进自我成长，鼓励学生做深入的自我探索，而不是依靠教育者说教或社会规范的灌输，这是课程设计与实施是否体现心理辅导实质的关键所在，比如"别人眼中的我"活动。可以开展价值澄清的主题活动。价值澄清的目的不是灌输给学生一套事先安排的、严谨的价值观，而是通过心理帮助指导学生掌握一种过程，这种过程可以用来反省自己的生活，对自己的行为负起责任，从而澄清自己的价值观，使学生减少价值认识的混乱，比如"生存选择"活动。还可以设计脑力激荡的主题活动。脑力激荡活动允许学生对一个问题自由地考虑可采用的方法，帮助学生产生很多的概念，它的目的是在一种兴奋、有趣、安全及接纳的气氛下，鼓励学生真诚地发表意见，不管有无价值，甚至类似开玩笑或引人注意的意见，都要接纳它，比如"比谁想得多"活动、"铅笔的用途"活动。

　　总之，教师需要选择适合教学内容的，而且是他认为对学生最有效的教学方法。最重要的是要不断调整教学方法以保持学生的学习兴趣。其规律是，与以教师控制任务为中心的使学生变得不够积极的教学方法相比，以项目为中心的个别或合作教学策略，可以使学生的参与性与积极性达到更高的水平。但重要的是，应记住教学方法是没有对错之分的。

第七章 大学生心理健康教育创新研究

第一节 大学生心理健康教育的积极探索

一、高校朋辈心理辅导的探索

（一）高校朋辈心理辅导的重要意义

1. 助推心理健康教育目标的实现

新时代，学校心理健康教育工作应积极贯彻落实立德树人的根本任务，坚持健康第一的教育理念，促进学生全面发展。朋辈心理辅导定位最初是危机干预，但发展到现阶段，除了危机干预外，更多的职责是通过学习、掌握一些科学的方法，在大学生人生发展的关键期助力其身心健康成长。朋辈之间年龄相仿、关系平等，在价值观、心理特征等方面具有相似性，能更好地理解彼此在学习、生活中遇到的困难、产生的心理困扰。朋辈心理辅导有利于提高学生心理自助与互助的意识和能力，培养学生积极的心理品质，助推心理健康教育目标的实现。

2. 心理健康教育工作的有力补充

根据相关要求，各高校按不低于1∶4000的比例配备专职心理健康教师，但心理教师的数量与日益增长的学生心理需求之间的矛盾越来越凸显，朋辈心理辅导可有效缓解专业力量的不足。一是朋辈辅导员的数量较多，可遍布各个年级和班级，弥补心理健康教育在时间上和空间上的不足；二是朋辈心理辅导被学生接纳的程度高，大学生更倾向于与同龄人相互交流、倾诉烦恼，学生之间开展心理互助可以有效缩短建立关系的时间，基于彼此的情感连接，在心理上和情感上更容易得到同学的理解和接纳，满足学生的心理需求。

3. 有效预防心理危机事件发生

朋辈心理辅导在预防心理问题发生、日常重点关注、心理危机预防等工作中发挥着重要的作用。学校心理咨询的开展方式往往是预约制，学生通过自主预约寻求专业心理老师的帮助。辅导员大多负责多个班级，涉及上百名学生，难以及时了解每一位学生的情况，心理危机预防在实际过程中的难度较大。朋辈心理辅导员作为学生中的一员，深入学生的生活、学习，可及时、真实、广泛地了解学生的心理动态。如有学生出现心理困惑，朋辈心理辅导员能及时关注并提供帮助，有效预防心理问题的发生；对需要重点关注的学生，他们能及时发现其心理、行为的异常，在当下提供帮助，并及时反馈给辅导员以及相关部门，真正起到监督防范的作用。

4. 充分体现大学生的主体作用

大学生是心理健康教育工作的对象，往往处于被动地位。事实上，朋辈心理辅导员通过主动获取知识，掌握了一定的辅导技巧，完全可以参与到心理的助人工作中，帮助学生开展自我管理、自我教育、自我服务，并获得较好的效果。朋辈心理辅导员通过不断提高自身心理健康水平，提高自我的心理调控能力，从而实现助人自助。在辅导过程中，朋辈心理辅导员增强了大家的参与感，增强了学生之间团结互助的精神，充分发挥了示范教育榜样的力量，体现了大学生的主体作用。这有利于形成全员参与的工作模式，形成"自助-助人-互助"机制，在全校营造良好的心理健康教育氛围。

（二）新时代高校朋辈心理辅导的实践路径

1. 建立健全朋辈心理辅导机制

第一，将朋辈心理辅导工作纳入全校心理健康教育工作体系，投入相应的政策支持、场地建设和经费扶持，加大宣传力度，提高朋辈心理辅导的影响力和作用面；第二，建立"两级管理、四级网络"体制，学校心理中心与各二级学院进行两级管理，建立学校朋辈心理辅导中心（工作处）和院系二级朋辈心理辅导站，校院共建。明确四级网络中"校-院系-班级-宿舍"各层级的制度、职责，管理与信息反馈，陆续出台工作实施意见、朋辈心理辅导工作职责、管理制度等文件，细化工作流程，提供"科学合理、完善有效"的制度保障。

2. 构建科学有效的朋辈心理辅导培训体系

第一，在选拔方面，建立不同的选拔标准和选拔方式，综合考察思想政治素养、基本心理知识、综合素质能力、人格特质、心理状态和助人意愿等方面，选拔方式可以自我推荐、班级推选、考核推荐等多种方式并存。第二，在培训方面，搭建培训平台，不断提高朋辈心理辅导员专业化、规范化培训。培训分为基础培训、骨干培训、实践培训三个阶段，通过线上与线下相结合的方式进行。基础培训须进行理论学习与考核，内容涵盖朋辈心理帮扶伦理、朋辈心理服务流程、心理健康基础知识、心理素质提升等，学习考核通过则颁发培训课时证书；骨干培训包含异常心理识别与应对、心理危机干预的技巧等；实践培训通过现场演练、角色扮演、模拟咨询、案例分析等方式进行。总之，综合运用多种培训方式，可因地、因时灵活多样，包括引导阅读专业书籍、听专家讲座、开展团体游戏、观摩心理电影、开展朋辈督导等，切实提升朋辈心理辅导员的专业性与胜任力。

第三，在评价方面，采用多维评估模式，助力朋辈心理辅导员的快速成长。一是自评与他评相结合，通过自评促进学生自省与反思，结合他评促进相互提醒和帮助；二是效果评估与过程评估相结合，对辅导过程加强专业指导和督导；三是定量与定性评价相结合，考核服务数量和质量，查考分析个案的能力，解决实际操作中的难题和困惑。

3. 建立可持续性发展策略

朋辈心理辅导队伍稳定性不足，须进一步探索管理方式。可以采取小组或团体培训的形式，在小组中"以老带新""结对传帮带"，充分调动团体的资源来促进朋辈辅导员的成长。建立朋辈辅导员值班制度，增强朋辈心理辅导员的责任感；开展素质拓展训练，提升团体的凝聚力；通过专业指导和实践检验提升朋辈辅导员的胜任力，增强自我效能感，减少人员的流失。每学期评选出优秀的朋辈心理辅导员，给予表彰和奖励，增强朋辈心理辅导队伍成员的归属感和价值感。以心理健康教育工作经费为基础，着力开展朋辈成长工作科研、朋辈实践活动项目立项支持，采用可持续发展策略，切实培养一支稳定性强的专业化团队。

4. 创新朋辈心理辅导形式

创新朋辈心理辅导形式，构建覆盖广、多层次、完善的朋辈心理服务一体化平台，形成全员育人的模式。一体化平台可包含心理知识宣传、心理健康测评、朋辈心理互助、心理咨询预约、心理活动开展、心理危机预警等功能。学生通过平台自助获取心理知识，进行心理测评，了解心理健康状况，寻求朋辈心理辅导，评价反馈辅导效果。此外，利用信息化建设，平台可把各项心理健康教育工作串联起来，带动越来越多的学生关注自己与他人的心理健康，不断优化校园心理育人氛围。

二、积极心理学视角下大学生心理健康教育的实践探索

（一）积极心理学在高校心理健康教育教学实践方面的重要作用

1. 提升大学生的心理韧性

心理学研究对于心理韧性的定义相对宽泛，但心理韧性对应的反馈条件抗压能力、自控力、心理疏导等内容为主。积极心理学的教育思想强调将具有精神感染力及思想触动的内容，融入课程教学体系或心理教育干预，帮助患者重新建立良好心理环境，使患者能始终保持良好心态面对生活中出现的各种问题。面向大学生的积极心理学教育也要以推进心理环境建设为导体，深化对大学生内心环境的探索，研究影响大学生心理健康的核心要素，并激发学生的幸福感、荣誉感、使命感及对于美好生活的向往，使大学生能摆脱负面因素及环境对其心理健康的影响。其中，积极心理学主要在以下两个方面提升大学生心理韧性。第一，积极心理学可以通过多次的情境模拟及环境重建，帮助学生提升对问题的应对能力，强化学生面对问题与生活的勇气，改变学生怯懦的心理状态，进一步提升大学生心理环境的结构弹性，使大学生能沉浸在幸福、快乐的学习、生活状态中。随着学生环境适应能力的增强，学生心理韧性也将随之得到强化。第二，积极心理学能运用思维引导丰富学生的精神世界，增强学生对学习、生活的信心。转移学生对生活问题、学习问题研究的侧重点，使学生能有效地调整问题处理的优先级，帮助学生提升解决心理问题的水平。长此以往，外部环境的干扰及生活、学习问题的影响将不再是制造学生心理矛盾的核心要素。学生的自我控制能力及管理能力也将在心理韧性影响下不断增强。

2. 强化大学生心理环境的自我调节

影响大学生心理健康的要素包括家庭、教育、情感、经济及个人经历等多项内容。大学生心理问题的产生并非受到单一因素的影响，而是在多种外部刺激及心理问题叠加之下，方才导致心理问题的形成。物理层面的问题解决可以依托设置问题处理优先级或借助外部力量进行物理条件的改变，从而提升对部分问题的解决能力。但心理问题的解决则无法面向独立个体，实现思维、意识及思想的融合。外部干预与心理健康引导更多的是采取由点及面的渗透方式，为其提供解决心理问题的支撑力。所以，大学生心理环境的调节，需要考虑不同学生思想认识、思维视野、性格特点等基础要素，根据学生的心理状态制订心理干预与心理健康教育方案。采用积极心理学开展教育引导，主要是从培养大学生自我调节技巧的角度，帮助大学生改变看待问题的角度及方式，使大学生能更好地从多个视角进行自我调节。换言之，积极心理学改变学生看待问题的方式，从更为理性的维度强化学生自我管控能力，使学生具备更强的控制力。随着学生心理健康知识的不断积累及思维视野的不断拓展，学生的心理环境自我调节能力也将不断提升。

（二）积极心理学视角下高校心理健康教育的教学实践优势

1. 简化心理健康教育流程

高校传统的心理健康教育不仅流程烦琐、内容复杂，同时对于教师的教育干预能力具有极高的要求。虽然部分心理健康教育与心理健康干预措施能有效解决一些心理健康问题，但学生个体化差异同样对心理健康教育的稳步开展具有实际影响。运用积极心理学开展心理健康引导及教育干预，能有效地简化教育工作流程，提升教育工作的实效性。从人的内在特性来看，追求美好事物始终是生存发展的重要目标。而积极心理学的教育干预及教学实践能提升学生的幸福感及树立美好生活发展目标，帮助学生摆脱心理困境，使学生能更好地适应当前的学习、生活环境。所以，积极心理学在高校心理健康教育方面的运用，有助于提升高校对于大学生心理健康问题的解决能力，强化心理健康教育教学实践的多方面渗透，为后续更好地开展多元化教育实践工作夯实基础。

2. 增强心理健康教育的实效性

保证心理健康教育的实效性，进一步满足心理健康教育的多方面需求，针对大学生心理健康问题的产生原因及心理健康影响因素，做好多方面的问题分析及问题排查，对于深化高校心理健康教育具有重要意义。传统模式的心理健康引导及教学实践更侧重于学生对心理健康知识的积累，在知识内容的灵活运用及心理健康管理方面缺乏对学生心理环境动态的关注，降低了高校心理健康教育实践的实效性。积极心理学在心理健康教育方面的运用，能基于深化教师与学生之间的教育沟通，提升教师对学生心理环境动态的关注，使教师根据学生各个阶段不同的心理问题，有针对性地制定心理健康教育预案及教学策略，充分提升高校心理健康教育的科学性，使高校心理健康教育的开展能形成更为完整的教育结构，弥补传统教育模式的细节性缺失。

3. 推进心理健康教育系统化开展

心理健康教育是循序渐进的过程，急于求成的教育心理难以为心理健康教育的稳步开展提供支持。针对大学生的心理健康教学实践及心理健康干预，必须实现各个教育流程、教育环节的紧密衔接，实现心理健康教育的系统化开展，避免心理健康教育产生碎片化问题。但传统模式的心理健康干预，通常存在各个阶段教育内容不明确、教学方向不清晰及教育干预不及时的问题，使部分高校的心理健康教育流于形式，未能在心理健康引导方面发挥根本作用。积极心理学的运用则能帮助高校改变这一基本现状，实现高校心理健康教育的系统化开展。其中，积极心理学将为学生明确心理问题的产生原因、内在逻辑及核心要素，通过培养学生自我审视、自我管理的良好习惯，将学生自我管理与自我调控纳入心理健康教育辅导体系，使学生的自我管理及自我调控能力成为各个阶段心理健康教育的黏合剂与填充剂。以此增强各个教育环节的衔接紧密性，推进心理健康教育的系统化开展。

（三）积极心理学视角下高校心理健康教育的重点

1. 注重学生学习感受

积极心理学注重对学生积极学习和生活态度的培养。所以，将积极心理学应用于高校心理健康教育，需要将教育重点放置于关注学生学习感受上，使学生能充分领悟如何提升学习荣誉感与生活幸福感，将学生学习、生活与积极心理学的教育引导充分关联，进一步帮助学生提升心理健康水平。另外，需要注意的是，注重学生的学习感受，并非一味地增强心理健康教育强度及加大学生的学习负担，而是要帮助学生在相对宽松的环境下，走出心理困境。所以，高校应科学地掌握积极心理学的教育强度，既要避免积极心理学的教育引导加重学生的学习负担，也要保证积极心理学的教育引导的有效性。

2. 提升学生心理资本

环境的变化及外部条件的刺激是传统心理学提升心理资本的重要方式。积极心理学的核心思想并非采用激进的教育逻辑深化对大学生心理健康辅导，而是运用柔性策略提升大学生心理环境的结构弹性，从而达到提升大学生心理资本的目的。因此，高校对于积极心理学的运用，应将提升学生心理资本作为教育的重点内容，帮助学生更好地适应当前的学习环境及未来岗位工作环境，从未来大学生就业发展及当前教育培养两个层面进行布局。

（四）积极心理学视角下高校心理健康教育教学实践策略

1. 加快高校积极心理学的教育创新

加快高校基于积极心理学的教育创新，是指以积极心理学的教育实践为载体，将积极心理学以多种不同形式融入心理健康教育体系。并运用积极心理学的部分理念建立完善的心理健康教育干预体系，使高校能更好地了解大学生的心理健康问题，提升高校解决大学生心理健康问题的能力。为此，高校可以从以下三个方面推进教育创新。第一，深化高校积极心理学的教育思想创新。高校应加强教师与学生之间的教育沟通，加深教师对学生心理环境的了解，进一步帮助教师与学生建立教育沟通的共同语言，使教师能时刻掌握学生的心理动态。因此，应为教师更好地制定基于积极心理学的教育应对策略。第二，推进积极心理学的多元化教育实践。积极心理学在高校心理健康教育方面的运用，不应采取传统的积分制教育评价模式，而是要将积极心理学教育理念及教学改革，在大学生学习、生活的各个方面予以体现，充分加强学生对于积极内容的接触，使大学生能时刻保持良好的学习活力。第三，加强大学生积极心理学教育的动态分析。所谓教育的动态分析，是指根据学生的学习表现、生活习惯、日常行为及社交导向等非敏感性信息内容，分析大学生心理健康状态，采用数据化及信息化的形式，为大学生建立心理健康的数据模型画像，进而使高校能运用环境模拟，分析不同外在因素对大学生心理健康的影响，帮助高校运用积极心理学制订教育应对方案，提升高校积极心理学教育引导的有效性。

2. 强化高校积极心理学的科研、学术成果转化

强化针对积极心理学的科研及学术成果转化，主要目的是帮助高校解决心理健康教育内容同质化问题，使高校能根据本校学生心理健康现状，有的放矢地推进积极心理学的教育实践，使积极心理学的教育运用，能在短期内获取良好的教育成果。其中，高校应建立独立的大学生心理问题研究机构，将积极心理学的教育引导、教学实践及教育干预，作为教育研究的主要对象，并结合国内外积极心理学的研究成果，做好对学术内容及科研内容的精细化提炼，使其能更好地运用于积极心理学的教育实践。除此之外，高校积极心理学的科研及学术成果转化，应考虑大学生的性格特点、家庭环境及教育引导等对心理健康教育的影响。对于存在严重心理健康问题的大学生，高校应采取多管齐下的教育策略，强化积极心理学的教育渗透，并定期做好积极心理学的教育成果反馈，为高校积极心理学的教育成果分析及教育规划的制订提供参考。必要时，高校可以采取聘请专家团队赴校指导的方式，提升对积极心理学的教育应用能力，通过专家的教育指导及教育辅助，丰富教师积极心理学的教育经验及教学知识储备，使教师能运用多种不同的方式，做好对积极心理学科研、学术研究成果的吸收，从而有效提高高校积极心理学的教学实践水平。

3. 建立高校基于积极心理学的教育干预评估机制

基于积极心理学建立面向大学生的心理健康教育干预评估机制，对于提升高

校心理健康干预的时效性与及时性具有推进作用。所谓教育干预评估机制，是指根据各个阶段学生可能产生的心理健康问题建立完善的教育预警机制，在大学生产生心理健康问题之前做好科学的积极心理学教育引导，帮助学生更好地强化心理环境建设，使大学生能在良好心理环境下度过愉快的学习时光。为配合心理健康教育干预预警机制的建立，高校应针对大学生存在的心理健康问题及潜在的心理问题倾向，制订多项不同的心理健康教育干预应急预案，保证高校能在第一时间针对部分大学生做好心理健康疏导，帮助大学生摆脱心理困境。除此之外，高校积极心理学的教育干预评估机制，应针对心理健康教育的长效化推进做好合理的教育布局，确保高校积极心理学视角下的心理健康教育能使大学生终身受益。因此，高校应结合大学生家庭环境、未来岗位工作方向、学习现状等，做好多方面的心理健康教育评估，分析影响大学生心理健康的潜在因素，进而更好地运用积极心理学的教育技巧，提升大学生心理健康的教学实践水平。

4. 加强积极心理学线上教育辅导

运用线上课程教学，加强积极心理学的线上教育辅导，提升学生线上课程学习能力，使线上课程教学成为学生与教师开展教育沟通的新路径，从而为提升积极心理学的教育有效性提供有力支撑。对此，高校应加强对线上积极心理学的教育资源开发，基于打造线上学习实践平台及互动平台，增强教师与学生的学习互动能力，进一步拓展积极心理学的课程教学渗透路径，使积极心理学能成为新时代高校线上心理健康教育的重要引领。另外，加强积极心理学的线上教育辅导，可以通过网络社交途径，了解学生当前存在的心理健康问题，为教师开展多元化的课程教学实践与优化课程结构提供科学的教育保障，改变传统模式下枯燥的教学环境及单一的教育模式，使高校积极心理学的教育运用，能面向更多领域进行延伸。譬如高校可以采取多学科联动的形式，开展线上的积极心理学教育实践，通过不同学科教师的教育互动，使各个学科能形成教育合力，有效提升积极心理学的教育渗透能力。因此，应运用高校课程思政教育的主体框架及内在逻辑，推进积极心理学的教育实践。

5. 积极开展基于积极心理学的线上线下实践活动

积极开展基于积极心理学的线上实践活动，主要目的是拓展大学生的兴趣爱好，提升积极心理学的教育趣味性，将大学生感兴趣的内容融入积极心理学的课程教育体系，使大学生个人兴趣能成为心理健康的重要防线。譬如校可以将电子竞技、动画制作、电子设备 DIY、艺术表演等作为积极心理学线上实践活动的主要方向，通过了解学生学习兴趣及个人学习特点制订科学的竞赛方案，尽可能提升实践活动的趣味性及内容的多元性，使大学生能摆脱枯燥的学习环境，以积极的心态拥抱未来的学习、生活。其中，积极开展线下实践活动，应考虑学生在实践活动中的获得感与幸福感，通过增强学生的获得感与幸福感，强化积极心理学教育引导的有效性，使积极心理学能成为新时代高校大学生心理健康教育的重要载体，改变大学生对心理学课程的错误认识，进一步培养大学生积极、乐观的学习心态，使大学生不再为生活琐事所困扰，有效帮助他们成为热爱生活、热爱集体及热爱学习的新时代青年。

第二节 主观生活质量与大学生心理健康教育

一、主观生活质量概念的提出

生活质量的早期研究者强调个体生活中的各项客观指标，如收入水平、健康水平、受教育水平、消费水平等，而现在的研究者则更关注生活质量的主观指标。生活质量是源于一个人对自己整体生活的当前体验而产生的主观的幸福感受。主观生活质量指的是个人对重要的需求、目标、愿望实现程度的主观评估。不难看出，主观生活质量强调的是个人的主观体验和评价，与个人的认知密切相关。

二、大学生主观生活质量的相关因素研究

（一）内部因素

大学生主观生活质量的相关研究显示，性别、年龄和社会经济地位不会显著影响大学生主观生活质量，而大学生自身的人格特征则与他们的主观生活质量显著相关。

同时也有部分研究者试图探索与大学生主观生活质量相关的认知因素，大学生的归因方式是消极事件作用于主观生活质量的中介因素，具体来说，大学生在生活中经常经历消极事件会使其对生活的控制感减弱，倾向于将生活事件进行外控归因，进而导致其主观生活质量随之下降。

（二）外部因素

居住环境、背景文化、生活事件等因素与大学生主观生活质量显著相关。早期研究发现，住在住宅区的儿童比邻近商业区或工业区的儿童的主观生活质量稍高。生活于单一民族环境中的大学生会比生活于多民族杂居环境中的大学生体验到更多的幸福感。另外，大学生的主观生活质量与其生活中积极事件和消极事件的出现频率相关。生活中的积极事件相较于生活中的消极事件更能影响大学生的主观生活质量。

家庭因素，如家庭教养方式、来自父母的支持、父母的婚姻状态、父母的关系等，都会影响大学生的主观生活质量。尽管良好的同伴关系与大学生主观生活质量显著相关，但他们的主观生活质量与亲子关系的相关程度更高。父母间的关系比他们自己的外貌和他们对学业的自我评价更能影响其主观生活质量。

大学生的主观生活质量也与他们的校园经历相关。大学生低水平的主观生活质量与他们对学校与教师的消极态度显著相关。对教师与学校怀有积极态度的学生更能体验到较高的主观生活质量并表现出更多的社会期许行为。大学生较高的主观生活质量水平与其参与课外活动，如体育运动、俱乐部活动等的程度相关。

三、大学生主观生活质量研究对学校心理健康教育工作的启示

主观生活质量不仅是一种结果变量，它也可以作为外部环境与大学生行为之间的中介变量而发生作用，因此，不断提高大学生主观生活质量既是高校心理健康教育的最终目标之一，也是预防大学生问题行为产生的有效手段之一。

（一）对心理评估方式的启示

对大学生主观生活质量进行研究为学校心理教育工作者提供了一种全新的工

作视角，学校心理教育工作者应考虑对学生自身的积极力量与环境中的积极因素进行评估，其中就包括对学生主观生活质量的测量。对学生主观生活质量的日常测量能为学校心理健康教育工作提供重要信息，大学生主观生活质量量表作为筛选工具，对处于危机边缘的大学生能起到识别作用。因此，对学生主观生活质量的评估不仅能在学生的心理问题与不良行为的预防工作方面发挥作用，也能为促进学生心理健康的工作提供方向。

（二）对心理干预策略的启示

学校心理和教育工作者以改变大学生人格特质为目标而对其进行长期干预是比较困难的，与之相比，旨在提高学生主观生活质量的干预策略更切实有效。这种心理干预策略可采取综合的方法，同时也应体现出学校、家庭和学生个人的共同努力。高校心理健康教育工作者可以采取短期认知-为疗法，以改变学生的消极认知，如外控归因方式、低社会自我效能等，进而改变他们对人生的消极评价。与此同时，应当鼓励大学生参与有意义的校内集体活动、培养大学生解决问题的技能，让个人努力对干预过程发挥积极作用。另外，必须注意的是，家庭的支持对大学生的主观生活质量水平的提高具有重要意义，若能对家长进行必要的培训则会使干预过程更完整。对学生家长的培训首先应帮助家长认识到他们对学生心理健康潜在的影响力，然后帮助他们发挥家庭对学生的支持性力量。

（三）对学校环境建设的启示

虽然主观生活质量是一种个人体验，但对它的研究已清楚地显示出生态因素的作用，可见，要提高学生的主观生活质量水平，不仅要改变学生个人，也要改造其周围环境。学生若对学校和教师持有积极评价，则更能体验到较高的主观生活质量，而且能够表现出更多的社会期许行为，那种只关注改变个体自身而忽视改造周围环境的干预过程明显是有所欠缺的，因此学校心理和教育工作者如能更多关注学生对校园环境的体验将有利于实现心理健康教育目标。学校应以提高学生主观生活质量为着眼点，建设积极的校园环境，如积极开展绿色校园建设、组织丰富有趣的学习活动、举办各种校园公益活动等，以增加学生在学校中经历各种积极事件、获得积极情绪体验的机会，这对提高学生的主观生活质量是有帮助的。

大学生高水平的主观生活质量能预测更多的适应行为，与适应功能相关的各种变量与大学生的主观生活质量相关。但是主观生活质量的相关研究中大部分只是以一次性的相关研究为基础，变量间彼此相关的方向尚不清晰，需要更多设计严格的纵向研究对这些问题进行解释。高校心理健康教育工作者应从当前研究中搜集有价值的信息，并在实践中自觉应用研究成果，对传统的学校心理健康教育进行必要的补充与改革，最终为实现高校心理健康教育目标服务。

第三节　利用音乐教育促进大学生心理健康的发展

一、大学生心理健康现状及原因分析

大学时期是人生道路的转折时期，是人生极为重要的关键时期。在这一时期，大学生在生理、心理、知识、智力等各个方面都有巨大的发展，他们不仅学习知识、发展智力，还需要寻求友谊，探索人生的意义，树立世界观、人生观和价值观。但同时，他们也面临着许多成长中的困扰和问题。

（一）大学生面临的心理健康问题

学习方面，有的大学生容易紧张，对自我要求较高，常在考试前或考试中产生焦虑情绪，严重的甚至表现为焦虑泛化，出现食欲不振、失眠、呼吸困难等生理问题。还有的大学生面对学习压力，在屡次失败后会产生厌学的情绪，遇到学习上的问题和困难会采取逃避的态度，在学校被教师批评，在家受到父母的指责，因而对学习越来越排斥。

人际关系方面，有的大学生以自我为中心，在生活中父母对其百依百顺，在集体生活中很少能主动关心他人、宽容他人，这些人在与教师、同学意见不和或发生摩擦、矛盾时，往往不能采取正确的沟通和交流方式，甚至会变得孤僻、独来独往。还有的学生处在不和睦的家庭关系中，其性格专横、固执，再加上有的学生是单亲家庭，因而通常会感到自卑或得不到关爱。还有的学生尚处于天真、理想化的心理状态，一方面他们迫切希望自己独立，另一方面他们在学习、生活、经济上都需要依赖父母和教师，当父母或教师不能认同自己的观念或过度干涉他们的生活时，他们就会产生强烈的叛逆心理，有的甚至会走向极端，完全拒绝家长和教师的帮助。

（二）大学生心理健康问题产生的原因

随着信息时代的发展，大学生可以接触到不同国家的文化等，其中许多负面、不良的社会风气和思想会侵害他们的身心健康。一些不好的思想和视频充斥着文化市场，这些都会导致大学生的世界观、人生观、价值观产生偏差，进而诱发许多社会问题。

家庭是人生的第一个课堂，父母是孩子的第一任教师。家庭教育对孩子的心灵成长有着潜移默化的深远影响。有的父母对孩子属于"溺爱型"，特别是隔代抚养的家庭，他们对孩子提出的各种物质要求有求必应，却疏忽了思想上的引导；有的父母属于"专制型"，对孩子方方面面都严格控制，却很少倾听孩子的心声，导致孩子出现叛逆或自卑心理；还有的父母属于"放任型"，孩子只管养、不管教，对孩子在学校的表现不闻不问，导致孩子学习习惯差、组织纪律性差，对任何事都采取无所谓的态度。

学校教育水平和管理水平的参差不齐也影响着学生的健康成长。在我国长期的应试教育体制下，学校追求升学率，看重学生的考试成绩，教师也要忙于如何帮助学生提高成绩。因此，学生的心理健康教育、素质教育常常被放到次要的位置。但学生在成长中除了需要学习知识来武装头脑，更需要在思想上获得引导，以便树立正确的是非观，将来成为社会的有用之才。

大学时期是个体心理发展的重要阶段，出现心理健康问题是很常见的，想要走进学生的内心、引导学生的思想，音乐教育有着比其他学科更独特的优势。

二、音乐教育对大学生心理健康发展的促进作用

音乐是心灵的迸发，它来自人们的内心，又对人的心灵产生反作用。柏拉图曾说："音乐教育除了非常注重道德和社会目的外，必须把美的东西作为自己的目的来探求，把人教育成美和善的。"因此，将音乐教育用于促进大学生心理健康发展是尤为重要的。

（一）帮助学生自我认识与接纳

认识自我，是我们认识整个世界的起点；接纳自我，是我们与外部世界和谐相处的基础。大学时期是自我意识发展的重要时期，尤其是进入青春期以后，他们忽然意识到了"我"的存在，开始学习独立思考问题。在这个过程中，针对自己的大量的反思难免给他们带来"迷失"的感觉。聆听、感受音乐不仅能帮助他们进行思考和领悟，还能帮助他们通过音乐与外部环境建立联系，在接触音乐的过程中回顾自己的童年，了解自己的喜好与个性，从而建立自信心，以积极乐观的心态接纳自我。

（二）调节学生的情绪

心理健康的重要表现之一就是对情绪的良好感知和控制，这既包括对自己情绪的管理，也包括对他人情绪的感知。由于生理和心理的快速转型，大学生往往对外部环境十分敏感，情绪反应往往过于激烈，从而表现为冲动、易怒、暴躁、叛逆等。音乐是情感的艺术，欣赏音乐不仅能帮助大学生提高情绪的感知力，还能有效缓解不良情绪给他们带来的心理压力，帮助他们在学习音乐的过程中，学会感知苦痛、感知他人的情绪，进而帮助他们形成坚韧的心理品质。

（三）帮助学生树立正确的人生观、价值观

有的大学生虽然没有表现出明显的心理问题，但每天得过且过，对自己的未来缺乏规划，这是一种亚健康的心理状态。对自己未来的职业生涯进行合理的规划，是大学生要面对的重大课题。合理的规划需要建立在正确的世界观、人生观和价值观之上，而诸如《我和我的祖国》《黄河大合唱》《旗正飘飘》《毕业歌》等具有中华民族特色的经典音乐作品，不仅能让学生感知革命先烈那不屈不挠的抗争精神，更能培养学生对青春、生命、祖国的热爱之情，帮助学生树立有追求、有理想的人生目标，潜移默化地影响着大学生价值观的形成。

三、在音乐欣赏教学中促进大学生心理健康发展的途径

（一）以活动为主，强调主观体验，帮助学生融入课堂

大学生正处于自我认识和自我管理能力较弱的时期，想要对他们进行心理健康辅导不能只讲道理、摆案例，大多数学生都很难接受这样的方式。传统的音乐欣赏课只停留在介绍和聆听阶段，乐曲虽好，但缺乏与学生的互动。若在课堂上设计充满趣味性的音乐体验活动，如在播放一段音乐时，让大学生用左右手相互配合，根据教师提供的方法，学习配合音乐简单地打节奏。通过类似的团体训练活动帮助学生在轻松的氛围中进行参与和体验，既能减轻学生对课堂传统说教式教学的抵触情绪，又能降低学生在学习过程中的紧张感、压力感，使他们可以更自然地展现自己的特长与优势，体会课堂活动带来的情感体验。

（二）开展合唱训练，促使学生互动学习，加强其信任与合作

处于同一年龄段的大学生遇到的问题和困惑往往十分相似，而预防大学生出现心理健康问题的重要手段之一就是同伴的关心和帮助。相比教师与学生、家长与学生，同龄人之间更容易进行心灵的沟通。现如今合唱艺术已经与流行音乐、新兴音乐等"打成一片"，成了颇受年轻人喜爱的音乐形式。音乐欣赏课可以通过开展合唱训练的方式，一方面，让学生接触、了解不同类型的音乐作品，开阔眼界，提升欣赏水平；另一方面，也有助于增强学生的集体荣誉感和归属感。在学习合唱的过程中既需要同学之间相互交流、相互帮助，也需要他们相互配合、相互信任。因此，开展合唱训练能较好地促进学生形成良好、积极、健康的心理状态。

（三）丰富教学内容，鼓励学生主动展示

科学研究表明，人的大脑两半球有一定的分工，左半球具备言语和抽象思维的功能，称为优势半球；但右半球的功能与空间位置、形状、音乐及情感等方面的信息有关，在生活中也有重要意义。音乐虽不能直接表达明确的思想，但它对称的结构、起伏的旋律、张弛的节奏都能对人的感官产生直接刺激，让大脑及神

经系统放松或兴奋，帮助人们开发想象力。在课堂上可以通过色彩与音乐结合、体会音乐的情绪、音乐冥想等形式充分调动学生的视觉、听觉、触觉、嗅觉，鼓励大学生在小组和班级里分享自己的体验与感受。在大学生从被动听到主动展示的过程中，不仅能提高他们的学习效率和记忆力，还能提高其心理素质和心理健康水平。

（四）适时引导，为学生的成长保驾护航

学生在学习的过程中绝不是一帆风顺的，而是可能会遇到各种各样的问题。有的学生对音乐及艺术感兴趣，但认识较浅，了解范围仅限于流行音乐或街舞；有的学生一开始就认为自己五音不全，对音乐学习存在抗拒心理，这时教师就需要及时了解学生的心理状态，根据不同学生的情况进行适当的引导。因此，教师必须掌握教育学、心理学的专业知识，并根据大学生的身心发展规律有目的地开展教学活动，关注学生的成长动态，在教学过程中耐心地辅导学生，帮助他们克服心理障碍。

音乐教育对大学生的心理健康起着重要作用，也是开展素质教育不可或缺的重要内容。聆听音乐、感受音乐、分析音乐、记忆音乐、评价与鉴赏音乐不仅可以激发学生的学习兴趣，开阔学生的视野，更能丰富学生的精神世界，开发学生的潜能，提升学生的心理素质。教师要坚持科学的教育思想，遵循学生心理发展规律，采取正确的教学手段，将音乐教育与心理健康教育有机结合起来，有针对性地帮助学生实现心理健康发展。

第四节 大学生心理健康教育的前瞻性思考

一、希望感指导下的大学生心理健康教育

（一）希望感的内涵及其对大学生心理健康的意义

1. 希望感的内涵

希望属于情感的表现形式，我们可以对希望进行如下界定，即在实现某一强烈愿望的过程中的一种具有持续性特点的信念，允许个体保持并践行朝向目标的行为。希望感属于人类的一种积极力量，是积极心理学的重要构成和研究对象。

2. 希望感对大学生心理健康的意义

作为一种积极、正向的力量，希望感能对个体的心理健康起到很好的保护作用，同时还能帮助个体应对各种焦虑、压力等消极情绪。大学生在生活和学业上难免会遇到一些不顺心的事情，有时甚至会陷入情绪的低谷。对大学生而言，适当的希望感通常能帮助个体以更好的心态进行心理调节。这不仅能够提升其应对挫折的能力，而且还能让大学生在遭遇挫折后依然认可自己，不丧失对未来的信心。同时，希望感还能适当地提升大学生的自我认可水平和自尊水平。由此可见，基于希望感的研究不仅有利于帮助大学生更好地应对消极情绪和各种压力，还对提升大学生的心理健康水平大有帮助。

（二）基于希望感的大学生心理健康教育的具体路径

大学生个体心理品质的塑造通常与家庭教育存在着密切的关系，作为家长，应重视对大学生品质的培养，发挥好言传身教的作用。同时，家长还应关注大学生的情绪变化，例如应关注大学生中频频出现的焦虑和抑郁情绪。也就是说，不能单纯地从衣、食、住、行等物质层面给予其关注，更应关注大学生情绪方面的问题，绝对不能持听之任之、顺其自然的态度。作为教育工作者，也不能只关注

大学生的学习成绩，还应注重对大学生优秀心理品质的培养，绝对不能在大学生出现心理问题之后才加以干预。

建立大学生个人心理成长档案，加强正能量教育。根据希望理论观点，个体的动力思维和路径思维在其童年时期就已经基本形成，又会在后期受到一些突发事件、情感等因素的影响。那么要想更好地对大学生进行心理健康教育，首先就要对其心理健康的状况有充分、深入的了解和认识。只有这样，才能使所开展的行动更具效果。建立大学生个人的心理成长档案是对大学生个体的心理健康状况进行系统把握的一种有效途径。每个个体都有积极的心理潜能，相应地，加强对大学生积极心理品质和积极心态调整能力的培养，对开发大学生的积极心理潜能有着极为关键的作用。教师在建立心理成长档案时，应以培养大学生希望品质为导向，在进行操作的过程中，可采取对每个大学生个体初期固有心理特质进行记录的方式，有选择性地记录一些积极的心理案例和产生希望信念之类的事件，并在大学生的各个年级段，由不同教师对希望心理档案进行及时的补充。在此过程中，还应结合档案信息，有效地引导并激发大学生的积极心理品质，使其能在一种积极向上的健康环境下快乐地成长。

基于希望感的大学生心理健康教育研究是一种具有前瞻性的心理健康教育理论，对大学生的成长教育有着重要意义。

二、文化自信视域下大学生心理健康教育实践探析

（一）文化自信的概述

文化自信是一个民族、一个国家对自身文化的充分肯定和积极践行，并对其文化的生命力具有坚定的信心。文化自信是"四个自信"中的重要组成部分，它体现了一个国家的文化理念和文化观，体现了文化对国家、民族、社会和个人发展的影响力，更强调了文化独有的教育价值。文化自信不仅仅是一句口号、一个名词，更是一种实践和坚守。践行文化自信、坚守文化自信，能提高每一个个体对中华优秀传统文化的重视，能妥善处理好本土文化与外来文化间的冲突，能促进国家与社会发展。总而言之，文化自信与个人、社会、国家和民族的发展息息相关，而积极践行文化自信、传承并弘扬中华优秀传统文化，是每一个公民都

应当履行的义务与承担的责任。

（二）文化自信与大学生心理健康教育之间的联系

1. 文化自信是实施心理健康教育的基础

高校心理健康教育工作在当前阶段得到了广泛的重视，但我国心理健康教育体系还存在一些不足，如缺乏"本土化"的研究，教育方式和理论大多借鉴国外的经验，教育体系还在不断完善中。文化自信的提出，为心理健康教育工作创造了有利的文化环境，可以说文化自信是心理健康教育的重要基础。一方面，在全球化和多元化的背景下，文化自信显得尤为重要。只有坚持文化自信，才能在世界文化交流中保持自己的特色和优势，才能在与其他文化碰撞中吸收有益的成分。高校心理健康教育工作旨在培养大学生树立正确的世界观、人生观和价值观，提高他们的心理素质和适应能力，促进其个性发展和社会适应能力的发展。这些目标都需要以文化自信为基础，因为只有对中华文化有了深刻的认识和坚定的信念，才能形成稳定而积极的心态，才能在复杂多变的社会环境中保持清醒和平衡，才能在追求个人梦想和社会责任中找到动力和方向。另一方面，近年来，随着网络信息技术快速发展，一些消极、负面的文化对当代大学生产生了不良影响。文化自信涵盖了我国千百年来的心理文化、优良的传统美德、丰厚的文化底蕴，是心理健康教育的根本依据，同时，文化自信也将中华优秀传统文化作为教育的方向，学生能够从中获得精神滋养，形成健康、积极向上的人生态度，从而抵挡不良思想的侵袭。

2. 心理健康教育是培养文化自信的保障

心理健康教育是一种以人为本、以情为纽、以智为导的教育方式，注重培养学生的情感、意志、创造力等方面的能力，同时也关注学生的思想、价值、人格等方面的素养。心理健康教育能够帮助学生认识自己、发展自己、超越自己、实现自己。在此过程中，文化自信是不可或缺的一环。文化自信能够使学生从内心深处对中华文化产生归属感和认同感，与此同时，文化自信能够给予学生一种启迪和激励，让他们在精神上有明确的目标和方向。因此，心理健康教育是培养文化自信的保障，也是实现文化自信的途径。通过形式多样、内容丰富的心理健康教育，能够为学生提供深入、全方位理解和体验中华优秀传统文化的宝贵平台。这些教育活动犹如一座桥梁，连接了学生与中华优秀传统文化，使他们在感受、学习中华优秀传统文化的过程中坚定文化自信。而当心理健康教育巧妙地融入中华优秀传统文化时，更是如春风般温暖、如细雨般润泽，悄无声息地在学生心灵成长的道路上，播撒下文化的种子。这种教育方式能使学生深刻地感受到中华优秀传统文化的博大精深与独特魅力，进而产生强烈的文化自信和民族自豪感。

（三）文化自信视域下大学生心理健康教育的实践路径

1. 以文化为指引，提升心理健康教育实效

首先，中华优秀传统文化源远流长，其蕴含的价值观念与教育思想具有较高的教育价值。教师应合理开发中华优秀传统文化，并将其运用于大学生心理健康教育中，充分发挥出中华优秀传统文化对大学生心理健康教育的指导作用，提升教育质量。教师应深度挖掘中华优秀传统文化资源的独特教育价值，并将其有效应用于学生心理健康教育中，借助中华优秀传统文化培养学生树立正确的价值观，促进学生综合素养的提升。例如在中华优秀传统文化中，和谐多元的价值观念为大学生心理健康教育指明了方向，强调教师应"坚持以人为本，尊重学生个性化成长"原则。为此，教师可以在教学中融入社会主义核心价值观内容，引导学生树立平等、自主、独立、开放、正确的价值观。其次，大学生心理健康教育是德育的重要载体，是高校思想政治教育课重要的组成部分。在文化自信视域下，教师可以利用中华优秀传统文化中有关德育的知识，将其巧妙融入心理健康教育中，实现二者的有机结合。如尊老爱幼、自尊自爱、义利统一、和平共处、诚实守信等，通过心理健康教育培养学生传承与弘扬中华优秀传统文化的意识，提升其综合素养。最后，中华优秀传统文化中涉及"内在和谐与外在适应"的理念，教师可以将这一文化观念融入心理健康教育中，让学生从生活、学习、交往和社会发展等不同角度出发，正确地认识自我、接纳自我；还可以将教学内容与学生的专业课结合起来，帮助学生提高对社会环境的适应能力，培养其积极向上的人生态度，促使其在未来工作中能勇于迎接社会的挑战和压力。

2. 以文化为依托，助力心理健康教育改革

在文化自信视域下的大学生心理健康教育中，教师应加强对本土文化资源的

挖掘，充分吸收中华优秀传统文化的精华，构建具有中国特色的教学活动。在文化自信理念的引领下，教师可以将本土文化资源与心理健康教育理论有效融合，建立本土化的心理知识体系，为学生打造富有特色的教育活动。文化自信所包含的内容较为丰富，红色文化、传统文化、革命文化等内容皆为可以运用的知识，教师可以将其巧妙地融入心理健康教育活动中，提高大学生心理健康教育的有效性。在红色文化的开发与利用中，教师可以利用其独特的文化价值功能，将其与社会主义核心价值观体系结合起来，打造具有特色的大学生心理健康教育活动。例如红色文化蕴含着国家的历史发展，教师可以以相关的历史典故、人物精神、指导思想为教育依托，将不同的文化精神融入教学活动中，培养大学生积极向上、吃苦耐劳、顽强拼搏的品质。与此同时，教师可以在心理健康教育中融入书法、国画、诗词和古典乐曲等内容，打破传统心理健康教育的局限性，加强对教育的改革，将文化作为教育线索，进一步激发学生的学习兴趣。由此可见，教师应立足教学内容为学生设计不同的教育活动，深度挖掘中华优秀传统文化独有的教育优势，打造新时代背景下的新课堂，培养学生的文化自信。

3. 以文化为基点，创新心理健康教育模式

在文化自信视域下的大学生心理健康教育中，教师应以中华优秀传统文化为教育基础，借助中华优秀传统文化创新教育模式，为学生提供更多具有趣味性、探究性的学习方法，让中华优秀传统文化服务于每一名学生，促进教育质量的提升。为此，教师应从大学生实际情况出发，结合其存在的心理问题，选择与之相对应的中华优秀传统文化内容展开讲解，给予学生有效的心理干预，为学生的健康成长提供保障。受社会压力、就业困境、学业问题等因素的影响，在大学生群体中，消极心理出现频率较高，逐渐成了大学生心理健康教育的重点内容。针对学生在成长过程中出现的问题，教师要为他们创设多元化的咨询途径与疏导方法。为此，教师可以借助典型事件或人物进行讲解，缓解学生焦虑、压抑的心理状态，引导学生考虑事物的多样性，缓解其心理压力。此外，教师还可以借助中华优秀传统文化中的内容展开辅助教育。如"中医文化"内容丰富，具有较高的教育价值，不仅包含药物治疗，还包括心理疗愈、食物疗法等方式，教师可以将其运用于心理健康教育中。在大学生心理健康教育中，教师可以观察学生的状态，并利用中医文化的独特性为学生提供心理帮助。这一方式能增强大学生对中

华优秀传统文化的认识，使他们进一步感受中华优秀传统文化的魅力。

4. 以文化为核心，打造心理健康教育环境

良好的人文环境是开展心理健康教育的重要基础，在促进学生发展方面发挥着隐性教育的作用。中华优秀传统文化丰富多彩、兼容并包，是中华民族智慧的结晶。在大学心理健康教育中，教师应做到"以文化为核心"，将中华优秀传统文化融入学生的生活、学习等多个方面，打造良好的教育环境，以促进学生全面发展。教师可以在校园宣传栏上张贴有关中华优秀传统文化的知识，将其融入学生校园生活的每一个角落，在潜移默化中增强学生传承与弘扬中华优秀传统文化的意识；还可以将中华传统美德制作成标语，将标语投放在校园中不同位置，用环境感染学生、熏陶学生，培养学生形成积极健康的心态。在校园主题栏中，学校可以投放伟人事迹、名人名言、故事、传记等内容，用文化知识陶冶学生的情操，引导学生在观看、阅读中树立正确的价值观念。除此之外，学校还可以举办实践活动，以文化为教育核心，让学生在实践中进一步感受中华优秀传统文化的魅力，形成更加积极、健康的生活态度。

参考文献

［1］王慧芬. 大学生心理健康教育管理与实践［M］. 北京：中国商务出版社，2023.

［2］向红. 大学生心理健康教育与发展研究［M］. 北京：北京工业大学出版社，2023.

［3］陈华. 大学生思想政治教育与心理健康教育融合及实践［M］. 成都：四川大学出版社，2023.

［4］黄浦芳，程建伟. 大学生心理健康教育［M］. 北京：中国人民大学出版社，2023.

［5］彭丹，田艳，冉龙彪. 大学生心理健康教育［M］. 北京：北京大学医学出版社，2023.

［6］李萍，侯娟. 大学生心理健康教育［M］. 北京：清华大学出版社，2023.

［7］聂艳霞. 大学生心理健康教育［M］. 北京：科学出版社，2023.

［8］张黎逸，曹贵康，翁粲. 大学生心理健康教育［M］. 北京：高等教育出版社，2023.

［9］任凤桃，张慧超，杨晓峰. 大学生心理健康教育［M］. 天津：南开大学出版社，2023.

［10］宫树华. 大学生心理健康教育［M］. 北京：中国纺织出版社，2023.

［11］宋辉. 积极心理学视域下大学生健康教育［M］. 北京：北京工业大学出版社，2023.

［12］李焰，王伟明. 守正创新——高校心理健康教育新格局新发展［M］. 上

海：上海交通大学出版社，2023.

[13] 吴凤彬. 大学生体质健康教育与促进研究［M］. 北京：中国书籍出版社，2023.

[14] 丘文婷，詹晓青. 大学生心理健康教育：体验与成长［M］. 厦门：厦门大学出版社，2023.

[15] 王清，王平，徐爱兵. 大学生心理健康教育［M］. 苏州：苏州大学出版社，2022.

[16] 张萍. 大学生心理健康教育［M］. 重庆：重庆大学出版社，2022.

[17] 王坚，谢康. 大学生心理健康教育［M］. 苏州：苏州大学出版社，2022.

[18] 王珲. 大学生心理健康教育［M］. 北京：北京理工大学出版社，2022.

[19] 杨惠. 大学生心理健康教育：理论与实践［M］. 武汉：华中科技大学出版社，2022.

[20] 徐爱兵. 现代大学生心理健康教育研究［M］. 北京：中国原子能出版社，2022.

[21] 赵新. 大学生心理健康教育的理论与实践研究［M］. 天津：天津社会科学院出版社，2022.

[22] 于佳. 高职院校大学生心理健康教育与辅导研究［M］. 北京：中国原子能出版社，2022.

[23] 张爽，李飞. 大学生心理健康教育［M］. 北京：北京理工大学出版社，2022.

[24] 李爱冰. 大学生心理健康教育机制构建与模式创新研究［M］. 延吉：延边大学出版社，2022.

[25] 夏鲁朋. 大学生心理健康教育模式创新研究［M］. 北京：中国商务出版社，2022.

[26] 赖俐诺. 新时期高校大学生心理健康教育问题及创新路径研究［M］. 长春：吉林出版集团股份有限公司，2022.

［27］燕玉霞. 我国大学生心理健康问题及对策研究［M］. 延吉：延边大学出版
社，2022.

［28］王英梅. 大学生心理成长理论和实践［M］. 成都：四川大学出版社，2022.

［29］钟燕. 新媒体视野下大学生思政教育创新探索［M］. 天津：天津人民出版
社，2022.

［30］刘岗. 高校大学生心理健康教育工作创新研究［M］. 北京：北京工业大学
出版社，2021.